奉納百景

神様にどうしても伝えたい願い

小嶋独観
Kojima Dokkan

奉納百景

まえがき

【奉納】――神仏に喜んで納めてもらうために物品を供えたり、その前で芸能・競技などを行ったりすること。「絵馬を奉納する」「神楽を奉納する」（大辞泉より）

私が『奉納』に惹かれ始めるきっかけとなったのは、今からもう15年前のことだ。最上《もがみ》三十三観音霊場二十番札所《ふだしょ》である山形県の小松沢観音《こまつざわかんのん》。その薄暗い堂内の壁や欄《らん》間《ま》や天井に掲げられていたのは、大量の色鮮やかなムカサリ絵馬だった。「ムカサリ」とはこの地方で婚礼のことを意味していて、若くして未婚で亡くなった死者に対し「あの世で独り身では可哀想だろう」と、親があの世での仮想の結婚式の様子を描写した絵を奉納するのである。

死者があの世で結婚するというありえない光景への驚きとともに、そんな現実離れした絵を描かざるを得ない、子を亡くした親の気持ちが痛いほど伝わってきてたまらない気持ちになった。

絵馬とともに堂内の壁が見えなくなるほどおびただしい数のお札《ふだ》が貼られ、信心と家族愛がぎゅうぎゅうに詰まったその空間は、いるだけで押し潰されそうになる。

お寺側がこの壁に絵馬やお札を貼ってくれと呼びかけたわけではない。そこには寺社サイドが布教する「上からの宗教」にはない、民衆サイドから発せられる「下からの宗教」の姿があった。

病気を治したい、試験に合格したい、結婚したい、子宝に恵まれたい、綺麗になりたい、出世したい、お金が欲しい、ギャンブルを止めたい、ストーカーから逃げたい……

人は生きている限り様々な欲望を持ち、様々な災厄に見舞われる。

そんな悩みや欲望を、日本人は様々な「モノ」を介して神仏に託してきた。

モノに秘められた象徴性や神秘性を介すことで、人間の思い計らいを超えた神の領域とアクセスを図ろうとしてきたのである。


私は１９９７年から珍寺大道場というウェブサイト（http://chindera.com/）を運営している。そこで取材・紹介しているのは、巨大な仏像、過剰な装飾、変わった信仰を持つ宗教施設、いわゆる「珍寺」の数々である。

こうして数千もの寺社を巡り続けているうちに、信者や参拝者たちが奉納したモノがどうにも気になりだしてしまった。

たとえば子宝祈願には赤ちゃんのお人形、お乳の出が良くなるようにとおっぱいを象《かたど》った絵馬……これならその目的と意味はわかりやすい。

しかし、女性の長い髪の毛がおよそ３０００人分、本堂の軒下に垂れ下がって奉納されている大分県国東《くにさき》半島の椿大師《つばきだいし》という寺。女の命ともいえる髪の毛をばっさりと切って奉納するほどの強い願いというのは、一体どんなものだったのか。さらに、そのすぐ下に無造作に奉納されているギプスやコルセット、松葉杖の数々……。髪の毛とのミスマッチさが非日常感を倍増させ、ちょっとしたホラー空間となっている。

福島県の「橋場のばんば」という霊場に山のように奉納されているのは、ハサミだ。

ここには縁切りや縁結びを願う人がハサミを奉納する。

縁結びを願っている人は、錆《さ》びたハサミや刃を針金でぐるぐるに縛った「切れないハサミ」を。縁切りを願っている人は真新しい「切れるハサミ」を。そのぐるぐる具合を見ると、因果、因縁を何とか自分のものにしたいという執念を思わせてやまない。

私はこれまで海外の寺社も数多く取材してきた。故人の等身大人形を納めたり（インドネシア）、紙で作ったブランド品や家電を故人へのお土産に納めたり（中国、東南アジア）という一風変わった習慣はあるが、やはり日本の奉納物はとりわけエモーショナルで多様性に満ちているように思う。

「なぜこれを？」

「なぜこんな願いを？」

そんな好奇心で奉納物を眺めていると、次々と想像が膨らんでしまう。きっと納めた人はこんな人で、こんな理由で……と、決して窺い知れない真実を勝手に思い描いてしまう。

逆を言えば、その奉納物に凝縮されている悩みや欲望といった人間の念が、私をとらえて離さないのだ。

本書では、様々な奉納にまつわる事象から日本人の信仰観をあぶり出そうと目論み、様々な珍しい奉納習俗を紹介してみたいと考えている。

小嶋独観

奉納百景

神様にどうしても伝えたい願い

目次

コラム2

第6章　死者供養の諸相

第10章 時代とともに変化する奉納物

第1章
縁結びと縁切り

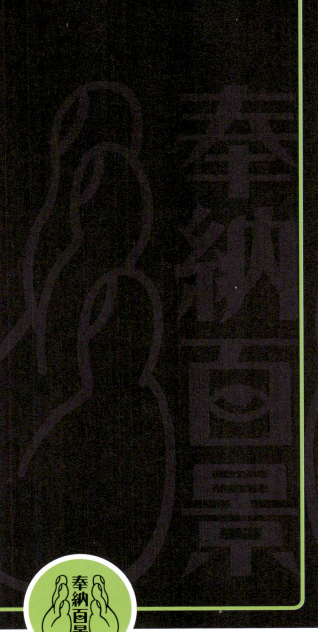

人にとって最大の関心事でもあり最大のストレスは、人間関係である。人を好きになったり、好かれたり、嫌いになったり、嫌われたり、憎んだり、恨んだり……それはこの世に生のある限り、一生繰り返される。

　人間はひとりでは生きていけない、どうしても他者との関係性の中で生きていくしかないからだ。でもどうあがいても、自分の力では事態を解決できないことも起こりうる。

　そんなとき、人は神仏に助けを求める。あるいは解決をゆだねようとする。

　ポジティブな縁結びとネガディブな縁切り。一見真逆な祈願だが、両方とも人間関係における悩みの解決という意味では極めて近い位置にある。実際には縁結びと縁切り両方の祈願を受け付けている社寺も多い。

　本章ではそんな縁結び、縁切りの事例を紹介する。

世に縁切り祈願の種は尽きまじ

野芥《のけ》縁切地蔵（福岡県福岡市）

　福岡県の野芥縁切地蔵は、文字通り縁切りに御利益のある地蔵尊である。郊外の住宅地の一画にある地味で小さなお堂。中に入ってみるとその中央にはアンフォルメル（非定型）な石塊《せっかい》が鎮座している。これが本尊のお地蔵様だ。実はこの地蔵、削ったカスを縁の切りたい相手の飲み物に混ぜて飲ませれば、見事縁が切れるという言い伝えがある。故にどんどん削られてしまい、今では原型を留めていない。

　地蔵を囲む堂内は異様な雰囲気に包まれている。たとえば背中合わせの男女の絵が描かれた絵馬。互いに背を向け、ややうつむいたその様子は凄くネガティブな印象を受ける。これぞ名実ともに日本で一番後ろ向きな絵馬といってさしつかえあるまい。

　他にも相手の住所氏名を書き晒した絵馬や、縁を切りたい対象を年の数だけ書き連ねた祈願文、そして、壁にびっしり貼り巡らされた大量の封筒……。近年は縁切り祈願を封筒に入れて奉納するスタイルが主流のようだ。

　縁切りの対象として一番多いのが、自分の配偶者と浮気相手との縁だ。たとえば、妻が夫とその浮気相手との縁が切れるように祈願するわけだが、その文章はちょっとここでは書けないほどのドギツさだ。

　また職場の人間関係に関する縁切りも多く、その他ストーカーやギャンブルとの縁切り祈願、中には背後霊との縁切りを祈願するものまである。たまに「病気と縁が切れますように」とか書いてあると思わずほっとしてしまうほど、ハードな内容の祈願文で埋め尽くされているのだ。

　この縁切地蔵がどうして誕生したの

住宅街の中にある狭い地蔵堂。中央には原型を留めない縁切り地蔵の姿が

人々の負の念が込められた絵馬と祈願文。後ろ向きな絵馬だが、悪縁を切って前向きに生きようという意思の表れでもある

か、それは古い昔話に由来している。

　時は和銅年間（７０８～７１５）、土地の長者である富永照兼の息子、兼縄とお古能姫《こうのうひめ》の縁談がまとまったのだが、輿《こし》入れの日になって兼縄が奔走してしまう。まるで今どきの昼ドラのような展開だが、困ったのは父の照兼。仕方なく新婦のお古能姫に、息子の兼縄は急死したと伝えたのだ。知らせを受けたお古能姫はショックを受け「早《はや》嫁ぐ家も無し」と自らの命を絶ってしまう。その地がここ野芥なのだという。

　そしてこの伝承にはサイドストーリーがある。

　お古能姫が自害する際に遺言があった。曰く「私のような不運に泣く人たちをあの世からお守りするため、婿になる人が亡くなった野芥に地蔵を祀ってください。祀られた地蔵を削って飲ませると、男女の仲で悩む人の苦しみは消えてしまうでしょう」と言ったのだとか。

　正直言ってあまりにも説明的過ぎる遺言である。この伝承自体１３００年前のものとされているが、この地蔵尊の歴史も実のところ近世以前まではさかのぼれないようだ。このように〈祀られる当事者が自らの死をもって同じ不幸の人を守護する（救う）ことを誓った〉というパターンは近世以降によく見られるものである。

　とはいえ、いったん縁起が定着すれば、お古能姫の伝承とは関係なく縁切りの信仰はひとり歩きし始める。今も世間では縁結び祈願が大流行《おおはや》りだが、縁切りのほうも負けず劣らず盛んで、むしろこちらの願いのほうがより切実なのはここに挙げた祈願文を見れば一目瞭然だろう。

　最後にひとつだけ。ズラリと並んだ封筒に野芥縁切地蔵様と書かれていたのだが、その筆跡がほとんど同じ人によるものだったのだ。と、いうことは……。

縁切り・縁結びをつかさどる姥神様

橋場のばんば（福島県檜枝岐《ひのえまた》村）

　人口密度が日本最低という福島県檜枝岐村。奥会津の秘境といえるこの地に「橋場のばんば」という奇妙な名前の縁切り・縁結びスポットがある。

　昔からこの地域では農村歌舞伎が盛んで、中でも鎮守神社にある歌舞伎の舞台は国の重要有形民俗文化財に指定されている。そんな鎮守神社への道中にある小さな社、それが橋場のばんばである。「ばんば」とは婆のこと。つまり橋場の婆という意味だ。

　社の前には2メートルはあろうかという巨大な糸切りハサミが左右にある。ハサミだがまるで仁王像のように威圧的だ。中を覗くと、何と色鮮やかなハサミが大量に奉納されているではないか。賽銭箱の両脇、そして後ろの棚に

巨大な糸切りハサミの向こうに鎮座する橋場のばんば。後ろの棚やばんばの周辺には大量のハサミが奉納されている

までうず高く積み上げられたハサミの山——。

よく見ると左側に積まれているハサミはごく普通のものだが、右側にあるハサミにはすべて刃の部分が針金でグルグル巻きにされている。社の前にある巨大糸切りハサミも左側はツヤツヤのハサミだが、右側は錆びていて、しかも鎖が巻き付けられ、鍵までかけてある。

これはつまり左側の普通のハサミは「切れる」、つまり縁切り祈願の奉納で、反対に右側のハサミは「切れない」、つまり縁結び祈願の奉納、ということになっているのだ。

日本には他にも縁切りと縁結び、両方の祈願を受け付けている寺社はあるが、ハサミをグルグル巻きにする縁結び祈願の神社を、私はここ以外で見たことがない。

中央にはばんばの石像が鎮座している。立膝で座り胸がはだけて、だらん

ばんばの右側は縁結び祈願として切れないハサミ、左側は縁切りとして切れるハサミを奉納する。何ともシュールな光景だ

もともとは錆びて切れなくなったハサミを奉納したのだが、今のハサミはみなステンレス製なので錆びることがない。なのでハサミを針金でグルグル巻きにして無理矢理切れないハサミを作るのだ

だらんのおっぱいが丸見えという姿だが、これは東北地方では比較的よく見る神様だ。ばんば、つまり姥神は三途《さんず》の川で死者の衣を剥ぎとる奪衣婆《だつえば》ともいわれている。頭上には何故かお椀がいくつも被せられており、これはハサミ奉納とは別に、お椀を被せるとどんな願いも叶えてくれるという言い伝えによるものだ。

それにしても不思議なのは、この地がなぜこのような縁切り&縁結びのスポットになってしまったのかである。

ばんば、またはおんば様は全国に見られる姥神信仰のひとつだ。そして会津地方のおんば様信仰は安産祈願に特化している点が特徴だ。その流れをくむ橋場のばんばも当然安産祈願の神様になるはずだが、安産に関する伝承は一切ない。

そこには、このばんばならではの事情が関わっている。

このばんば様、以前はここではなく、少し上流の橋のたもとにあった。それが明治35年の大洪水の際に、村人が流されそうなばんば様を背負って今の場所まで運んだという。つまり橋場のばんばは当初は橋を守る神様、つまり橋姫信仰の神像として祀られていたと考えられる。

橋姫とは京都宇治川の宇治橋で祀られた女神で、嫉妬深い神として有名だ。一説には丑《うし》の刻《こく》参りを最初にしたともいわれており、今でも宇治の人にとって婚礼の際、宇治橋を渡るのはタブーとされている縁切りの神様だ。その橋姫も老婆の姿をしている。そんなところから橋姫として祀られた石像がいつの間にかおんば様に変わってしまったのではなかろうか。

橋というのはムラの境界でもある。縁切り信仰が残る場所というのは境界に位置していることが多い。それもまた橋姫信仰と三途の川の信仰が交錯する要因となったのかもしれない。

日本最恐の縁切りスポット

門田《かどた》稲荷（栃木県足利市）

京都府の伏見稲荷、東京都の榎木《えのき》稲荷（縁切榎《えんきりえのき》）、そして栃木県の門田稲荷、この三社は俗に「日本三大縁切稲荷」と呼ばれている。

伏見稲荷は一般的にあまり縁切りのイメージがないが、榎木神社と門田稲荷はどちらも縁切りに特化した神社である。特に門田稲荷はその奉納されている絵馬のエグさから、日本最恐の縁切りスポットともいわれている。

門田稲荷は下野國《しもつけのくに》一社八幡宮《いっしゃはちまんぐう》という神社の一画にあり、小さな社殿ではあるが、その奉納されている絵馬に書き記されている文言は破壊的ですらある。具体的には、相手の氏名だけでなく、住所番地まで書き晒すものまであるのだ。

様々な恨みつらみが集積したような門田稲荷。さしずめ現代社会の病理の写し鏡のような場所である

内容は男女の縁切りが多いのかと思いきや、実際にはクラス内でのいじめや職場でのパワハラの事例が多い。自分をいじめるクラスの同級生に対する罵詈雑言、同僚に対する悪口雑言、上司に対する恨みつらみ。写真入りの絵馬も多数あり、しかもその写真の顔の部分に釘が刺さっていたり、マジックでぐちゃぐちゃに掻き消されていたり。

　奉納は絵馬だけでなく、底に穴の開いた柄杓《ひしゃく》もある。穴の開いた柄杓は、一般的には安産祈願の意味が込められているのだが、ここでは縁切り祈願の奉納物とされ、柄杓の底に開けられた大量の穴はみな釘を刺して開けてある。藁人形《わらにんぎょう》に釘を刺すがごとき心境で釘を打ち込んでいるのだろうか。

　改めて絵馬を眺める。ネットの書き込みのごとく、死ねとか消えろとか不幸になれとか激しい文言が飛び交っている。でもここに来て絵馬を奉納するということは当然他人の絵馬も目に入るわけだから、苦しんでいるのは自分だけじゃないということを発見できる場として、集団セラピー的な効果もあるのかもしれない。これは病気平癒系の寺社にもいえる。

　その意味では奉納物というものが人と神との通信手段だけでなく、同じ悩みを抱える者を癒す役割も果たしているのだろう。極めてネガティブな形ではあるのだけど。

真っ黒に塗り潰された絵馬。その闇の深さはいかばかりだろう

客観的に見るとかなり無理筋の祈願も多い。現代の社会システムでは解決できないことなどいくらでもあることを思い知らされる

荒唐無稽な願いも多いが、忘れてならないのはそれら全てが奉納者にとってはこの門田稲荷にしか頼めない深刻で切実な悩みなのである

神木に鎌を打ちつける祈願作法

丹生《にう》酒殿《さかどの》神社鎌八幡（和歌山県かつらぎ町）

大阪市内のとある寺の境内に、縁切りに御利益があるとされる榎《えのき》の霊木がある。その木が普通でないのは遠目に見ても一目瞭然。びっしりと幹が見えなくなるほどの大量の鎌が刺さっているのだ。人呼んで鎌八幡。

昼なお暗い境内に大量の鎌が打ちつけられた様は、まるで別の種類の植物のようですらある。そのビジュアルはあまりにも強烈で、見ているだけでこちらも痛々しい気分になってくる。

伝承によれば、大坂冬の陣の際、真田幸村が戦勝を祈願して鎌を打ち込んだといわれている。ここは大阪城の南、いわゆる真田丸があったあたりだ。その鎌八幡だが、現在はガードが固く、撮影はもちろん鎌や絵馬に触れることも絵馬の文章を見ることも禁じられている。近年、奉納者の住所や願いごとといった事項を開示するかどうかは寺社によって意見の分かれているようだが、ここは徹底してプライバシー保護派である。ゆえに写真をお見せすることはできない。

一方、和歌山県北部のかつらぎ町、丹生酒殿神社の境内にも、鎌八幡と呼ばれる神木がある。大阪の鎌八幡よりも大きな木だ。こちらも大量の鎌が刺さっていてビジュアル的なインパクトは特大だが、なぜか大阪の鎌八幡に比べておどろおどろしい雰囲気はない。

ここでは鎌を幹に刺しただけでは願いは成就しない。鎌の刃が幹の成長とともに木に飲み込まれて初めて願いが叶うという恐ろしく気長な奉納なのだ。つまり、夫の愛人とか会社の上司との縁切りなどという切羽詰まった願いには不向きなのだ。実際、ここの鎌八幡は無病息災、子宝祈願などの願いごとが多い。

そもそも、鎌を神木に突き刺す神事は古くから存在している。五行《ごぎょう》思想においては「金剋木《きんこくもく》」といい、金属は木を剋する（打ち勝つ）存在であるという。つまり、もとは木を金属によって制御していく宗教的なプロセスとして鎌が用いられたとも考えられる。

有名なのは諏訪大社《すわたいしゃ》。諏訪の御柱《おんばしら》祭《さい》に使用される木にはまず鎌が刺し込まれる。それによってその木が神木となるのだという。つまり木に鎌を刺し立てるという行為は、もとは木に神性を付与するための作法だったのである。

悪縁が切れたらハサミをお返し

神場山《じんばやま》神社（静岡県御殿場市《ごてんば》）

富士山の麓、御殿場市に神場山神社という社がある。周囲をゴルフ場に囲まれた山間の神社であるが、ここでも

丹生酒殿神社の鎌八幡。木に鎌を打ち付け、木の成長に伴って鎌が木に飲み込まれていくことで願いが成就する。何とも気の長い奉納であるが、上のほうにはすでに飲み込まれつつある鎌先もある

ズラリと並んだハサミ。社務所で販売されている厄切りせんべいは糸切りハサミの形をしており、味は、素朴としか言いようがないです

拝殿の脇にたくさんのハサミが奉納されている。

ハサミはいわゆる糸切りバサミで、大きなものは2メートルを超えるものまである。ハサミは厄を切る、病を切る、悪縁を切る、という意味。この神社で願をかける人は、まず巨大なハサミが並んでいる前に置いてある小さなハサミを借りていく。そしてそれを枕の下に置いておくのだ。

めでたく願いが叶ったら御礼として大きいハサミを奉納する。今でも多くの人がこの祈願をしているようで、小さなハサミがたくさん置いてあった。

売店で売られているお守りにも小さな小さな糸切りバサミが仕込まれてあった。ちなみに名物はハサミの形をした厄切りせんべい。

ハサミ奉納の少し離れたところにはなぜか砲弾が並べてあった。場所が場所だけにこれも縁切りアイテムなのかと勘ぐってしまう。ハサミの代わりに砲弾でドカーンとか……。（追記／おそらく旧陸軍・富士裾野演習場〈現在の東富士演習場〉が隣接していたためと思われる）。

並んで奉納されている砲弾。間近で見ることが珍しいモノだけについつい見入ってしまう。縁を切りたい相手をこいつでぶっ飛ばしてください！という訳でもないのだろうが

這ってでもくぐり抜けたい鳥居

粟嶋《あわしま》神社（熊本県宇土《うと》市）

熊本県宇土市にある粟嶋神社は縁結びの神様として近在の信仰を集めている。「粟嶋」とは、いわゆる「淡島《あわしま》さま」、つまり和歌山の淡嶋《あわしま》神社を総本社とした信仰で、主に女性の悩みに霊験ありとされる神社だ。ここの粟嶋神社もご多分にもれず、子授け、病気平癒、そして縁結びに御利益があるとされている。

この神社の特徴、それは何といっても拝殿前にある小さな小さな石の鳥居である。このミニ鳥居をくぐることができれば、良縁、安産、諸々良いことがあるといわれている。

鳥居のサイズはおよそ30センチほど。スリムな人でないとくぐり抜けるのはかなり難しい。またこの鳥居は腰延べ鳥居と呼ばれており、くぐれば腰が伸びるともいわれている。なるほど、昔は腰が曲がったお婆ちゃんが多かったよなあ。

このミニ鳥居、重い病に苦しんでいた人がこの神社を熱心に信仰したところ奇跡的に完治し、御礼に奉納したのが最初だとか。今では拝殿前に3基のミニ鳥居が奉納されており、本殿の脇

粟嶋神社の絵馬。鳥居をくぐる神主（？）さんの姿がカワイイ

拝殿前には３基のミニ鳥居が。ちゃあんと筵（むしろ）が敷いてある親切設計

果敢に鳥居くぐりに挑戦する中学生男子。幸あらんことを願うばかりである

にもそれ以前に奉納された古いミニ鳥居がいくつか置かれていた。ミニ鳥居の奉納習俗は、他にも天草《あまくさ》や長崎の島原地方に数ヶ所見られる。淡島信仰におけるこの地域独自の習俗なのだろう。

　このミニ鳥居のルーツは定かではないが、かつて農村などの寄り集まりで村人が座ってお互い手を繋いでアーチを作り、そこをくぐる「鳥居」という習俗があったと聞く。もしかしたらそんな狭い鳥居をくぐる行為がミニ鳥居になったのかもしれない。

　現在では鳥居の柱が鉛筆の形をした学業成就ミニ鳥居まで登場した。みんなくぐりたいのだ、鳥居を。

ハートマークにまみれた恋の聖地

恋木《こいのき》神社（福岡県筑後《ちくご》市）

　縁結びとは本来は、自分と他者との結びつき、ひいていえば神と人間の結びつきのことだが、今では男女の恋愛事情に特化した感がある。そんな恋愛成就に的を絞った神社が福岡県にある。その名も恋木神社。恋の神様として現在、福岡県を中心に女性に大人気の神社なのだ。

祭神は恋命《こいのみこと》。全国でもここ一社のみとか。境内はハートマークの敷き詰められた参道、額がハートの鳥居、ハートが染め抜かれた幕……とにかくハート、ハート、ハートづくしなのである。

社殿も朱塗りというより濃いピンク色。カメラぶら下げたおっさん（筆者）がひとりでいていいのだろうか？　と、ついつい恥ずかしくなってしまうレベルのキュートな神社なのである。

境内のあちこちに掛けられている絵馬ももちろんハート型。祈願の内容も見るまでもなく恋愛成就祈願ばかり。正直、人間の業丸出しな絵馬ばかり見続けてきた筆者にとっては眩しすぎて眼も当てられないほどキラッキラな祈願ばかりで思わず背中が痒くなってくる。

我慢して絵馬を眺めていると、現れたのは子連れママ2人組。シングルマザー友達なのだろうか、新しいパートナー祈願なのかな、とも思ったが近所に住んでいて散歩に来ただけだった。今度は真面目そうな男性がひとりでやってきた。そうだよな、女性に人気とはいえ男だって恋愛成就したいよなあ。

この神社は水田《みずた》天満宮という神社の一画にある。水田天満宮自体は大きな神社で、大宰府に次いで九州第二の天満宮といわれている。一説には、京都に残した妻を想って亡くなった菅原道真公（天満宮の祭神）を慰めるために建立されたのだとか。

その由緒はともかく、恋愛に特化した神社づくりは今のところ多くの若者に支持され、恋愛系パワースポットとして成功したようだ。

このような現代的なセンスを大胆に取り入れた神社に対して賛否両論ある

何から何までハート尽くし。結ばれているおみくじの内容や奉納された絵馬の内容は説明するまでもなかろう

ようだが、ここまで徹底してエンターテインメント化しながらも天神信仰のベースを踏襲している点において、これもありかなと筆者は思う。その点、企業や自治体が何の根拠もなく適当にでっち上げたエセ神社とは違うのだ、たぶん。

(左) 夕暮れに一人参拝に来ていた草食系風男子。頑張れ！
(下) ここまで恋愛成就に徹した神社の姿勢はある意味いさぎよさすら感じる。100 年後、この神社はどうなっているのだろう？

第2章
なんでも供養

奉納百景

我が国では死んだ人間だけでなく、命あるものすべてに対して様々な供養が執り行われてきた。

特に現在盛んなのは、犬や猫といったペットに対する供養。ふた昔前はペットが死んだら空き地に埋めてアイスの棒を刺しておく程度だったのだが、今では火葬はもちろんのこと、専用のペット用墓地を求める飼い主も多い。さらにペットの遺伝子保存や3Dプリンタで生前の姿を出力するなどの各種メモリアルサービスの開発も盛んだと聞く。

さらに近年話題になった例としては、犬型ペットロボット「アイボ（aibo）」の供養がある。ちなみにアイボの「お葬式」では新型のアイボが司会と読経を務めたという。傍から見ているとロボットがロボットを弔うという何ともシュールな世界そのものが展開されているわけだが、アイボを単なるロボットや玩具ではなく、ペットとして認識している人にしてみれば宗教儀式として立派に成立しているのだろう。

もとより「人間以外」の供養は、実は日本の宗教風土では比較的古くから執り行われてきた。たとえば家畜の供養としての馬頭観音信仰、食用として殺した動物への供養、さらに針供養や箸供養、筆供養といったモノへの供養などなど……。我々日本人はどうやら何でもかんでも供養したがる性質を持っている民族のようだ。

この章では、そんな何でも供養したがる精神風土が生み出した特異な景観に光を当ててみたい。

屠畜された魂を弔う極彩色の山

鼻ぐり塚（岡山県岡山市）

岡山県岡山市に福田海《ふくでんかい》本部という宗教施設がある。

桃太郎伝説で有名な吉備津彦《きびつひこ》神社にもほど近いこの施設は、神道や修験道、仏教、儒教、老荘などの思想や宗教が混成した20世紀初頭に創設された道場で、無縁仏の石塔を集めてきて一ヶ所に安置し、供養する活動が有名な団体だ。

その福田海本部の一画に鼻ぐり塚という塚がある。異様なまでにカラフルな塚だ。近寄って見てみると様々な色のプラスチック製のリングが積み上げられていた。実はこれら、すべて牛の鼻に付けられていた鼻ぐり（鼻輪、鼻環）なのである。

青、緑、オレンジ、赤、白の五色の鼻ぐりが大量に積み上げられているその様は、カラフルなだけに異様な雰囲気が強調されている。

鼻ぐりは主に食用の牛の鼻に付けられるもので、牛の動きをコントロールするためのツールである。以前は真《しん》鍮《ちゅう》製や鉄製、木製のものもあったというが、現在ではプラスチック製が主

古墳を再利用したという鼻ぐり塚の中央には馬頭観音、左右には豚と牛の銅像が鎮座している。今は鼻ぐりがカラフルになったので派手な塚だが、以前はもっと地味だった

流だ。また、プラスチック製の鼻ぐりも以前は白だけだったが、近年ではカラフルなもの（等級や種別で分かれているのだろうか）が主流になっているという。

いわば、食用として屠畜された動物の唯一にして最後の形見である。その鼻ぐりを供養のために集めたのが、ここ、鼻ぐり塚なのである。

この鼻ぐり塚が造られたのは大正14年、福田海の開祖である中山通幽《つうゆう》が食用のために屠《ほふ》られていく牛や豚を哀れに思い、発願したという。もともとは小さな古墳をベースにしており、石室の部分には金属製の鼻ぐりを溶かして造った金属板が安置されている。ここまで古墳をカスタマイズしちゃっていいのか？という疑問は拭いきれないものの、日本では珍しい家畜供養の塚がこうして現在も存続しているのだ。

ちなみに現在の鼻ぐりの数は680万個以上。今でも全国から集められた

この塚はかつてウルトラマンＡに登場した。ヒッピーの若者（蟹江敬三！）がこの塚から鼻ぐりを盗んでしまった故に牛の怪獣になってしまった、という話だった。今思えば何でこんなところでロケしたのだろう……

鼻ぐりが年間数万個単位で奉納されているのだという。昔は白一色だった地味な鼻ぐり塚も鼻ぐりの色数が増えたため、ある時期を境に異様なまでにカラフルな塚に変容してしまったのだ。おそらく、大正期に発願した中山師もこのような派手な塚になることは想像だにしなかったであろう。

人と人との繋がりを喪失した無縁の魂のみならず、供養の対象を屠畜された牛や豚の魂にまで広げたその営みには敬服するほかないが、無数の色彩が織りなす圧倒的な景観に、ただただ呆然と立ちすくんでしまうのだった。

イヌネコのお宮に隠された壮大な因縁話

犬の宮・猫の宮（山形県高畠《たかはた》町）

その光景を見ていると胸が押しつぶされそうになる。山形県の高畠町に犬の宮と猫の宮という社がある。もちろん犬と猫を祀っているのだが、犬の宮は小高い山の上にある神社だ。一方、猫の宮は観音堂で、犬の宮のある小さな山から１００メートル程度しか離れていない。

階段をのぼって犬の宮に向かう。拝殿の正面には無数の犬の写真が貼り付けられている。額装した写真からカラーコピーしたものまで、様々な犬の遺影が並んでいる。これらのほとんどはペットとして飼われていた犬の供養のために奉納されたものだ。

中には、「病気が治りますように」とか「行方不明の犬が見つかりますように」といった願いごとが書かれたものもある。追悼の言葉が並ぶ中で迷子の犬が見つかった御礼などを見るとほっとする。

一方の猫の宮には、猫の写真が貼り付けられているのだが、写真の数は圧倒的に犬の宮より多い。単純に猫のほうがペットとしての総数が多いのかと思いきや、ペットの頭数として猫が犬を超えたのは、ここ1、2年のことらしく、それまでは犬のほうが圧倒的に多かったのだとか。平均寿命も猫のほうが若干長いらしく、ゆえになぜ猫の宮の写真のほうが多いかは謎である。

犬の宮に奉納された飼い主によるペット画

猫の宮の写真も、死んでしまったペットに思いの丈《たけ》を綴ったメッセージや

階段をのぼった先に犬の宮はある

犬の宮に奉納されたおびただしい数の犬の写真

猫の宮。犬の宮に比べて、奉納されている写真数は遥かに多い

無数の猫の視線が痛い……

飼い主との記念写真、死に際の写真など供養目的のものがほとんどだ。一枚の写真に、自分の子供を失ったような飼い主の悲しみが託されている。見れば、猫用の小さな首輪が束になって下がっていた。

色褪せた写真も相当あったが、完全に退色したものはなかった。おそらく管理の方が一定期間を経たものは処分しているのだろう。

このように犬や猫を祀る社寺は全国にも幾つかあるが、犬と猫がほぼ同じ場所で祀られている例は珍しい。しかも、町おこしやペット霊園の主導によるものではなく、どちらも古くからの伝承があるという。

犬の宮の由来は以下のとおり。

昔この村では若い女を年貢として役人に差し出さなければならず困っていた。それを聞いた旅の座頭が、役人の酒席に甲斐（山梨県）から連れてきた2匹の犬を放つと、乱闘になった。そののち様子を見に行くと、役人の正体は実は大狸で、2匹の犬ともども絶命していたという。そこで村人たちが2匹の犬を憐れんで犬の宮を建てたとされている。

そして猫の宮の由来。

この村で昔、子供のいない夫婦が猫を飼っていた。ところが日に日に猫の様子が変になっていく。妻を睨みつけて今にも飛びかかりそう。猫の異常に気付いた夫は猫の首を刎《は》ねてしまう。すると猫の首は宙を舞い、家の外にいた大蛇の首に食らいついた。猫はこの大蛇から夫婦を救おうとしていたのである。村人は猫を哀れに思い、猫の宮を建てたという話である。

このふたつの話、実はひとつの物語が分割されている。猫の首が食らいついた大蛇は、実は犬に殺された大狸の大地に流れた血を吸って狸の恨みを受け継いだ、というストーリーになっており、さらにいえば、大狸はもともと比叡山を開いた際に聖真子《しょうしんし》権現という神様に追いやられて甲斐の国まで逃げ、そこで例の2匹の犬との戦に敗れこの高畠町までやってきたのだという。すなわち犬と狸の戦いは2回目ということになる。

ちなみに猫に殺された大蛇の墓も犬の宮、猫の宮の近くにあり、蛇壇と呼ばれるストーンサークルになっているが、こちらは悪者ゆえ供養の場にはなっていない。

こののち、死んだ大蛇の子供が村人と一戦交える話もあるのだが、このへんにしておこう。このように犬対大狸、猫対大蛇のふたつの戦いをメインとした長い長い物語が繰り広げられているのだ。

この話はもちろん単なる伝承ではなく何かを暗示している。大狸は大和朝廷、あるいは天台宗（比叡山延暦寺）の敵である「何か」の隠喩《メタファー》であることは間違いあるまい。現代ではすっかりペットロスの皆さんの悲しみを受け止める神様になっているが、実は狸や蛇、あるいは犬や猫が何を暗示しているのかを考えると、もう少しスケールの大きい歴史が隠されているように思えてならないのである。

お犬様による天下分け目の戦い

黒犬神社（静岡県藤枝市）

犬の供養は、時としてとてつもない由来に基づいていることがあり、我々を驚かせることもある。静岡県藤枝市に鬼岩寺《きがんじ》という寺がある。鬼の爪痕が残された岩で有名な寺だが、その境内の一画に小さな社が建っている。それが黒犬神社だ。

小さいながらも鳥居と狛犬を備えた黒犬神社。狛犬が妙にリアルな今どきのワンちゃんなのが気になりつつ社殿の中を覗いてみると、社殿の中央に見事に黒光りした犬の像が鎮座し、周囲には可愛いらしい犬のぬいぐるみがたくさん奉納されていた。

おそらく亡くなったペット犬の供養なのだろう。ど真ん中でどす黒く、睨みを利かせる黒犬とファンシーなぬいぐるみとのギャップが激しすぎてクラクラする。なかなか見ごたえのある神社だが、一番驚いたのは社殿の脇にあったこの神社の由来書だった。

江戸時代、この鬼岩寺には春埜山《はるのさん》出身のクロというめっぽう強い犬がいたという。その噂を聞きつけた時の領主が、自分の飼っているシロという犬と戦わせた。結果はクロ圧勝、そして領主大激怒。領主はクロを打ち首にすべく家臣に命じた。追い詰められたクロは進退窮まり、井戸の中に身を投げた。そのとき井戸から黒い煙が立ち、その煙が何千という黒犬となって一斉に吠え出したのだという。それを見た領主は、自分の身勝手を反省し、黒犬の霊を慰めるべく黒犬神社を建立したそうな。

さらに外伝がある。クロ最強伝説を聞きつけた土佐守《とさのかみ》が参勤交代の折り、自分の土佐犬と戦わせようとしたところ、クロの出身地の春埜から大勢の犬が加勢に現れ吠えたてたので、土佐犬はしょんぼりしてしまい、戦いにならなかったという。

ここで気になるのがクロの出身地であり、土佐犬との戦いの際仲間がやってきたという春埜という場所だ。これは、黒犬神社がある藤枝市から25キロほど北西にある春埜山大光寺のことだろう。この寺は別名お犬様と呼ばれ、オオカミ信仰の寺なのだ。

一方、土佐という地名も気になる。一説には領主の飼っていたシロという犬も土佐犬だったという。なぜ二度にわたってクロは土佐犬と戦わなければならなかったのか、これは単なる偶然ではあるまい。そこに何か隠された意味があるはずだ。

これは私見だが、土佐犬とは犬神の暗喩なのではなかろうか。土佐といえば犬霊の憑き物である犬神信仰の盛んな土地である。かつては長宗我部《ちょうそかべ》氏が犬神下知状《げちじょう》という犬神信仰の禁令を出すほどこの信仰は権勢を誇っていた。とすれば、この物語は、東日本で広く

鬼岩寺の片隅にひっそりと建つ黒犬神社

祠の中には黒い犬の像。それを取り囲むようにたくさんの犬のぬいぐるみが奉納されている

信仰されるオオカミ信仰と西日本の犬神信仰、その犬信仰同士のマッチアップだったのではないだろうか。

オオカミ信仰が圧勝するのは地元の神様だから当然としても、想像のとおり、この伝承が実はお犬様信仰の覇権をかけた天下分け目の決戦を意味していたのだとすれば、もはやペット供養どころの話ではないと思わなくもないのだが……。

「鮭《しゃけ》千本供養」へ駆り立てる人間の業

鮭供養（山形県遊佐《ゆざ》町、秋田県にかほ市）

新潟県北部から山形県庄内地方、秋田県沿岸南部にかけての地域では、鮭もまた供養の対象となっている。

特に山形県遊佐町や秋田県にかほ市周辺は鮭が遡上してくる地域として有名で、古くから「鮭千本捕ると人ひとりと一緒」と言われており、鮭を千匹捕獲すると鮭千本供養塔という卒塔婆を一本奉納し、鮭の供養を行ってきた。

この地域の建網組合や漁業生産組合などの鮭漁業施設に行くと、この卒塔婆群を見ることができる。川沿いの土手などに大きな卒塔婆が並んでいる様はどこか恐山や山寺（立石寺《りっしゃくじ》）のような死者供養の霊場を思い出させ、何とも寂し気な気分になってくるのだ。

奉納の歴史という視点から考えると、この習俗は非常に興味深い。

この鮭の卒塔婆が林立する光景というのは、実は昔からあったものではないのだ。かつては鮭が千匹捕れることなど滅多になく、したがって供養塔の建立も数年から数十年に一度しか行われなかったし、何本も卒塔婆が建ち並ぶなどという光景はあり得なかったのである。

ところが昭和になって鮭の人工孵化が始まってから、状況は一変する。かつては自然に任せていた鮭漁だったが、人工孵化によって遡上してくる鮭の数が桁違いに増えたのだ。かくして、数年あるいは数十年に一度だった鮭の供養塔も毎年のように建てられることになったのである。

伝統的な行事ではあったものの、今のような光景が出現したのは高度経済成長期以降なのだ。この鮭供養も、容

遊佐町にある漁業生産組合の施設。ここで遡上してきた鮭を捕獲する。建物の裏側にひっそりと鮭千本供養塔が立っている

並んで立つ卒塔婆。その正面には「鮭魚諸精霊頓証菩提荘厳報地功徳圓満高顕供養塔」と書かれてあった。建立年を見ると年に一本、1月から2月頃に建立している

易にたくさん捕れるようになれば、その習俗自体がなくなってしまうこともあり得たと思うのだが、あえて伝統的な習俗を踏襲したがためにこれまでになかった光景が出現してしまったという逆説が興味深い。

それにしても不思議なのは、なぜ鮭だけを供養するのかという点だ。

この地域ではもちろん他の漁業も盛んで、様々な魚が捕れる。その中で特に鮭の供養だけを懇《ねんご》ろに行うのは何か理由があるはずだと思い調べてみると、鮭漁の特殊性が浮かび上がってきたのである。

鮭は他の魚と違い、生育が人工的にコントロールされた生き物である。他の魚の場合、網漁にせよ何にせよ、捕られるか否かという構図においては人と魚はある意味対等な立場であるといえる。

ところが鮭の場合、人間との関係性は決してイーブンとはいえない。鮭はみな組合で放流したものなので、その鮭は本能で生まれた川に遡上してくる。そこに鮭の捕獲施設があるとも知らずに——。

9月下旬から1月中旬、特に10月から12月のピーク時、鮭は放流された川

に遡上してくる。その鮭を各流域の組合が巨大なドラムのような器具で次々と捕獲し、組合の建物の中に運び込む。そして、ベルトコンベアのようなモノで運ばれてきた鮭たちをパートのおばちゃんたちが待ち受けているのである。

以降のシーンは、動画でいえば「閲覧注意！」と赤地に白抜き文字で大書されるレヴェルの、かなりエグいものだ。小柄なおばちゃん達がフルスイングで次々と鮭の頭をバコン！バコン！と叩き殺すのである。ちなみにバットのような棒の名前はアンラクボウ（安楽棒）という。

で、絶命した鮭は次に手際よく腹を裂かれ、卵、つまりイクラを抽出される。そこに雄の精子をかけて孵化させるのだ。そして孵化させた稚魚を放流し、次の年にはまた大量の鮭が放流した川に遡上してくる……というサイクルを繰り返している。ちなみに雌の鮭の肉は取り決めによって売ることができず、毎年大量に廃棄されるのだという。

すなわち、（見方によれば）人間は鮭の生死をコントロールし、叩き殺し、その肉を無駄に廃棄するという3点において、殺生の業を背負っているのだ。そのため、供養せずにはいられない思いに駆り立てられるのであろう。

つまり今ある供養塔は、近代的な漁によって生じた罪穢《つみけが》れを、伝統的な習俗を用いて祓《はら》うという図式を物語っている。これもまた、ひとつの現代的な供養のあり方なのである。

東京近郊で原始的な血が騒ぐ

どんど焼き（神奈川県川崎市）

しめ縄や松飾りといった正月の飾り物は縁起物であり、様々な意味を帯びている。したがって、その処分にもそれ相応の手続きを要するのである。それは処分するというよりは供養に近い行為ともいえよう。

正月飾りを焚き上げる行事はどんど焼き、左義長《さぎちょう》とも呼ばれ、1月半ばの小正月に行われ、全国で見ることができる。もっとも最近は都市部で行われることは稀であり、あったとしてもかなり小さな規模のものしかなく、もっぱら農村部や山間部でしか見られなくなりつつある。

そんな中、神奈川県川崎市では首都圏の中では比較的大規模などんど焼きを数ヶ所で見ることができる。筆者が訪れたのは川崎市麻生区。都心から20キロ足らずの住宅地と田園が入り混じったようなところだ。

どんど焼きは収穫が終わった田んぼの真ん中で行われる。

まず最初に竹を組み合わせて巨大な円筒形のやぐらを作る。高さは10メートルほど。ちょうどネイティブアメリカンのティーピーのような形状だ。そ

火が点けられる前のやぐらの様子。竹や門松や注連縄の緑とダルマや正月飾りの赤のコントラストが眩しい

点火されると一気に火の手が回る。10メートル余りの火柱、竹が爆ぜる爆音、熱風、見ている者の血が段々ヒートアップしてくる

こに近在の家庭から運び込まれた正月の飾り物が次から次へと取り付けられていく。しめ縄、松飾り、玄関飾り……そんな中でもっとも目立つのがダルマである。緑色の竹で作ったやぐらに取り付けられたたくさんの真っ赤なダルマ。それは遠くから見るとまるで半月遅れのクリスマスツリーのようである。やぐらの裾野の内側には竹の葉や古いお札、書初めの紙などがどんどん詰め込まれていく。

気がつけば、周りにはものすごい数の消防車が待機している。田んぼのど真ん中とはいえ、周囲には住宅や森林もある。田舎の長閑などんど焼きに比べて厳戒態勢といっても過言ではない緊張感が漂っている。定刻になると、神社の神主が祝詞をあげ、その後おもむろに火が点けられる。

内側に紙や竹の葉が詰め込まれているため、やぐらは一気に炎に包まれる。その火柱は思いの外勢いが強く、遠くで見ていたつもりだったが、かなり熱い。最初は寒かったのでちょうどいいと思っていたが、やがて熱さのため後ずさりを余儀なくされ、顔も赤く火照って頭もぼーっとしてくる。

おまけにパン！パン！と竹が爆《は》ぜる音が響き渡り、体の奥底で原始的な血が騒ぎ始めてしまいそうなワイルドな事態になってきた。

やぐらが崩れ火の手が弱まると竹槍部隊が近づいてくる。先端には団子が刺さっており、それを焼いて食べると風邪をひかないのだとか

炎に包まれたやぐらは、まるで巨大な生き物のように徐々に前のめりになっていく。それでも抗うようにパン！パン！と竹の破片を周囲に飛び散らかしている。それを待ち構えていたかのように消防車が放水し、空中で迎撃している。

だが、巨大なやぐらは徐々に傾き、傾き、傾き、臨界点を超えるとあっけないほど一気に崩れ落ちた。特撮映画で怪獣がやられて倒れるシーンをリアルで目撃したような気分である。

崩れたやぐらは、もはや単なる瓦礫である。このカタルシスこそどんど焼きの本質といえよう。正月という非日常のハレの世界が終わり、再び日常のケの世界がやって来る。そのことを垂直に立っているやぐらを平坦な姿にすることで表現しているのではないだろうか。

正月の縁起物をすべて詰め込んだやぐらを一気に燃やす。それは正月に来た歳神を送り返す行為でもある。つまりどんど焼きは、単に縁起物の供養と同時に神送り、つまり神の供養でもあるのだ。それにしてもずいぶん派手な供養である。このカタルシスあればこそ、消防車を何台投入してでも止められないのだ。

人間の願望を受け止め、不要とされる存在

達磨寺《だるまじ》（群馬県高崎市）

そもそも我々日本人は、なぜ人間以外のモノを供養するのだろう？　その行為の理由としてふたつの理由が考えられる。

ひとつは供養の対象となるモノが人間にとって有益である、あるいは供養されるべき理由があるから。もうひとつは自然界の事象すべてに神が宿るという考え方。このアニミズム的思想が発展し、ひいては人工的な橋や厠《かわや》、台所などにも神が宿っていることを発見してきた。

つまり動物やモノの有益性と日本人の宗教観の特殊性の交点において、動物やモノの供養が行われてきたのだ。そんなモノ供養のひとつにだるま供養がある。

群馬県高崎市は国内の8割を生産するだるま王国である。

その高崎市にある達磨寺はだるま発祥の地といわれ、小高い山の上にある

本堂の縁側に大量のだるまがUFOキャッチャーのように積まれている。中には赤く色付けられる前のものも混ざっていた

全国のだるまをコレクションした達磨堂。だるまといえば選挙、というわけであの方たちのだるまも。ちなみに4人目の総理のだるまはなかった

本堂の正面には大量のだるまが積み上げられている。真っ赤なだるまが本堂を埋め尽くしている様はまさに奇観だが、それらは各家庭で役目を終え、奉納されたものである。

だるまは願いごとをするときに片目を入れ、願いが叶えばもう片方も、というのが一般的な作法だが、ここには両目が入っただるまが積み上げられている。つまり、これらは願望成就の証しなのである。であればこそ、この縁起物は目が入った瞬間必要なくなる運命にあり、ここに奉納されるのだ。

そう考えると大変結構なことなのだが、よく見ると片目のだるまもチラホラ混ざっている。これはつまり願いが叶わないままだるまが必要なくなった人のものなのだろうか。大量の〝両目〟にまぎれて潜んでいた〝片目〟を見つけ、やや切ない想像をしてしまうのだった。

集められただるまは毎年1月にお焚き上げされるという。ちなみに本堂脇の達磨堂には全国のだるまや珍しいだるまが陳列されており、群馬県が生んだ歴代総理大臣である福田赳夫、中曽根康弘、小渕恵三各氏の選挙だるまも並んでおり、保守王国っぷりをこれでもかと感じさせてもくれる。

身寄りのない墓石が蝟集する奇景

墓の墓場（京都府某所）

墓は死んだ人を供養するために建てられる。しかし現在では、その墓石を供養するというパラドキシカルな現象が起こっている。

京都府某所の山中、外部の人間が間違っても入ってこないような場所にそれはある。広い敷地の一画に、無数の墓石が並んでいるのだ。これは様々な事情で墓が維持できなくなった人が墓石だけを預けるところ、つまり無縁になった墓石の集積場、いわば墓の墓場なのだ。

墓石は主に五輪塔が多く、どれも綺麗に研磨された、近年造られたものが多い。つまり先祖代々受け継がれてきた墓というよりも、一代限りで無縁になってしまった墓石ということになる。

かつては、いや現在でも大半の墓は基本的にその家の人間が代々受け継いでいくものだが、少子化の現代において墓を家単位で代々継続して守っていくことなど無理なのである。特に都市部に住む核家族は一代で無縁になってしまうケースが多いと聞く。

一方、農村部でも晩婚化が進み、少子化に歯止めがかからない現状だ。つまり都市部だろうと農村部だろうと基本的に少子化が進み、墓の無縁化は避けられない事態になっているのだ。こうした問題は今、日本全国で深刻になっており、中には悪質な業者によって墓石の山中や海中への不法投棄が行わ

延々と並ぶ墓石の群れ。何の説明書きもないばかりか、入り口にも何の看板もない。誰が管理しているのか一切謎の施設だ

ここに並べられている墓石のほとんどがいわゆる「墓相墓」と呼ばれる墓のものだ。今、日本では不要になってしまった墓石の処分が大きな問題になっている

れたりもしている。

この「墓の墓場」では、集められた墓石に対して経をあげ、一定の供養をしているという。たしかにずらりと並んだ墓石群の正面には香炉と花筒があり、線香が手向けられた痕跡がある。

親の墓が子供の負担になろうとは、墓を建てた親はひと昔前ならば夢にも思わなかったろう。むしろ子供の代で負担をかけたくないからこそ、墓を建てるという親も多い。

その思いやりが逆に子供の重荷になってしまっているのだとすれば、それは皮肉としかいいようがない。

これは日本人の世代間のにおける死生観のギャップが如実に現れた現象であり、ある意味極めて現代社会を象徴する光景なのだ。

最果ての神域に集められた〝神様の墓場〟

高山稲荷（青森県つがる市）

青森県つがる市の高山稲荷神社では、要らなくなった稲荷神が集められ、まるで神様の墓場と化している。

津軽半島の日本海に面した七里ヶ浜にほど近い高山稲荷は、人里離れた場所ではあるが、実際訪れてみるとその規模の大きさに驚かされる。広大な敷地に大きな社務所、そして何といっても目を見張るのは、広い日本庭園の中にくねくねと曲がりながら並ぶ赤い千本鳥居。丘の上からはその全景が眺められ、その幻想的な景観は、近年観光名所としても人気スポットになりつつある。

しかしこの神社の本質はそこにはない。実はこの神社の境内の片隅、参拝客や観光客は滅多に足を踏み入れないエリアに神様の墓場があるのだ。

そこには狐の石像がずらりと並び、稲荷神の社が隙間なく密集している。社の規模も庭先の屋敷神の祠《ほこら》のようなものから屋内に祀られた神棚、大きいものは人が住めるほどの社まであり、その数は200を超える。

多くの社は崩れかけ、背後の草むら

日本庭園の中を縫うようにたくさんの鳥居が並んでいる。今や高山稲荷を代表する風景となった

棄てられた神々の墓場。神社の案内図ですらこのエリアはフレームアウトしている。いわば神社の番外地のような場所だ

石の狐が延々と並ぶ。中には風化して摩滅したり、剥落してしまった狐像の姿も。逆に陶製の狐は新しいものが多い

に呑みこまれそうになっているが、内部には大量の陶器の狐がびっしりと並んでいる。よく見れば狐に混ざってオシラサマや白蛇、恵比寿大国天、不動明王なども。時には人の背丈もありそうな大きな神像が社の扉の隙間から顔を出していたりして、腰を抜かしそうになる。

　これらは各家庭で必要なくなった神様なのだという。

　この地域における稲荷信仰の歴史は比較的浅い。というのも、津軽で新田開発が行われたのが江戸後期になってからで、それにともない農耕神である稲荷信仰が広まったからだ。

　さらに、関西や関東などと異なり、稲荷信仰が商売の神様などに変化しておらず、純粋な農耕神として祀られているので、稲荷を信仰していた農家が離農した場合、稲荷自体が必要なくなってしまうのだ。このような理由から主に家の当主が亡くなったタイミングで稲荷が棄てられるケースが多い。

　稲荷社を棄てる場合、この地では自分の住んでいる地域の「カミサマ」にお伺いをたてることが多いという。カミサマとは津軽地方に数多く存在する民間信仰の霊能者で、かつてはゴミソと呼ばれていた巫者《ふしゃ》である。似たような存在にイタコがあるが、イタコが伝統的な修行システムを経た職能的な巫者であるのに対して、カミサマ（ゴミソ）は個人的な神がかりなどをきっかけに霊力を得た人たちである。そのカミサマが稲荷社を高山稲荷に奉納するように指示する、という図式になっているのだ。

　この神社では、大正初期頃からカミサマに対して神習教（神道教派のひとつ）の教導免許状を出していたという（現在は神社本庁に所属）。

　カミサマらはもともと個々人で活動していたのだが、高山稲荷が津軽のカミサマに免許状を出すことで、巫者に一定のステイタスを与えた。一方、カミサマは自分の信者たちに高山稲荷への信仰を勧めることで神社に貢献する。そういう相互利益の関係によって、高山稲荷は津軽地方の稲荷信仰の中心的存在となっていき、津軽中の稲荷が集まってくるようになったのだ。

　ところで、棄てられた陶器の狐像の中には真新しいものが多く混ざっている。この新しい狐は棄てられたのではなく、いわゆる狐憑きの狐がカミサマによって封じ込められて奉納されているのだそうだ。つまり廃棄された稲荷神ではなく、今でも狐が封じ込められ続けているのだ。

　現在では、棄てられた稲荷神よりも憑き物が封じ込められた狐のほうが遥かに多いとも聞く。稲荷神の墓場もすごいが、それより狐霊が依りついたままの像が次々と集められていたという事実に、筆者は衝撃を覚えたのであった。

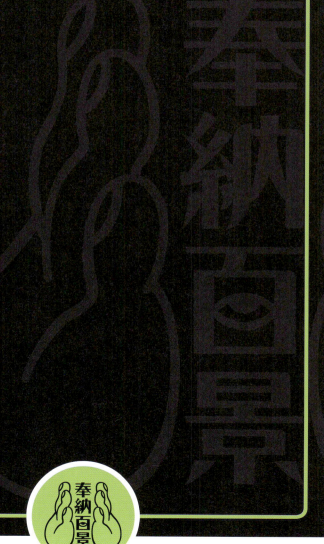

第3章

病と奉納

病というものは、人間を信仰に向かわせる最大の原動力であると言っても過言ではない。正しき生き方とか良き来世などといった絵空事のような信仰よりも、むしろ今感じている痛み、拭っても拭っても纏わり付いてくるような苦しみにこそ人間は救いを求めるものなのだ。

それは前近代の話だけに限らない。祈祷や呪《まじな》いしか術がなかった時代に比べ医学の進歩は著しく、かつての不治の病は徐々に治療法が確立し、医学の優位性は強まるばかりである。しかし逆に医学の発展は、まだ知られていなかった病気を発見していく。それは未知の病原体だったり、それまで病気にカウントされていなかった「〇〇症候群」であったりするのだが、結果として、今なお病の苦しみの数は決して減ることはない。

もちろん医療には限界が厳然としてあり、病や死を完全に克服する医療は今後もありえない。ゆえに、病の解決を人智を超える存在に委ね、託す心情は昔も今も変わらない。

本章ではそのような病気と信仰の関係性、そして病の神様が生まれてきた背景を探っていきたい。

手型、足型を神に差し出す奉納習俗

三方石《みかたいし》観音（福井県若狭町）
足手荒神《あしてこうじん》（熊本県嘉島《かしま》町）
手接《てつぎ》神社（千葉県旭《あさひ》市）

福井県の三方石観音は弘法大師開基の寺とされている。

本堂の脇にはお手足堂というお堂が建っており、その中には数えきれないほどの大量の手が積み上げられていた。

手は木製で孫の手のような形状をしており、これらは手にまつわる様々な悩みを抱えた人が、癒えた暁《あかつき》に感謝の意を込めて奉納したものだ。見れば、手だけではなく、足型も大量に奉納されている。

この手型足型は本堂内で販売されていて、ちゃんと右手左手右足左足と4種類販売されているあたり、お寺サイドの細かい気遣いが見てとれる。それにしてもなぜこの寺はこんな奉納が多いのだろうか？

曰く、今から１２００年前、弘法大師が旅の途中にこの地に立ち寄り、大きな岩に一晩で観音像を彫ったという。しかし夜が明ける鶏の鳴き声を聞き、右肘から下を彫ることなく山を下りて行った。この彫りかけの観音像が後に片手観音と呼ばれ、手の病に効くと信じられるようになったのだという。何となく判ったような判らないようなエピソードである。

片手観音が手の神様になっていくプロセスは定かではないが、手型奉納の方法にそのヒントがあるように思える。手足が悪い人はまず本堂の前にある手

三方石観音のお手足堂にうず高く積まれた手型と足型。中には奉納者自らが作ってきたものもあるが、多くはお寺で配布されているものだ

型足型を借りて帰り、病が治ったら御礼として新しい手型足型を買って寺に供える、という順序になっているのだ。つまり片手観音の「本来あったはずの片手」を授かる事で病を治す、というストーリーなのではないか。この仮説を裏付ける傍証として、弘法大師はわざと片手を彫らなかったという説もある。つまり最初から手の神様として機能させるべく観音様を造ったとも考えられるのである。あくまでも筆者の想像だが。

手型足型の奉納習俗は他にも日本全国に数多く存在する。その中でも有名なのは熊本県にある足手荒神だ。

さして広くはない境内の社殿の前にはやはり多くの手型足型が並んでいる。ほとんどは既製品だが、中には奉納者が自分で作ったと思しきハンドメイドの手型足型も多く奉納されている。どれも素朴な作りだが、指の一本だけが極端に短い手型や甲の真ん中に穴が開いている足型など、あえてそうでなくてはならなかったであろう形状に、奉納者の念がぎゅうぎゅうに込められているように感じた。

この神社は戦国末期、佐々成正《さっさなりまさ》との戦に敗れた武将、甲斐宗立《かいそうりゅう》を祀った神社であり、手足を怪我した宗立が亡くなる際「魂魄《こんぱく》この世に留り子々孫々を

足手荒神の手型足型。熊本地震により社殿が倒壊し、現在は仮の施設で運営が行われている

見守り、手足に苦しむ者を救いやる」との遺言をしたことから手足の神社として信仰されるようになったという。このように、病気平癒の社寺はその謂れが戦争や政争に負けた人物に起源をもつケースが多い。これは後に詳しく述べるとしよう。

手型奉納の中でも珍しいのが、千葉県の手接神社。由緒によれば嘉永2年、この地に住む八角茂兵衛という人が手の病にかかり、茨城県にある手接神社を3度参拝したところ全快し、その御礼に石祠を建立し、その後、明治になって社殿が整備されたという。

珍しいのは、ここに奉納されているものはすべて石で作られた手型なのだ。木で作られた片手の手型が普通一般的だが、ここでは石製なうえ、両手で合掌している形状のものがほとんどなのである。

なぜこのようなスタイルとなったのかはわからないが、合掌した石が何個も並んでいる様は、得も言われぬ迫力を感じる。他でもない、こちらは祈りそのものが形になっているからだ。合掌力というべきか、より切実さと思いの強さが伝わってくるのである。

あるいは、見ているこちらが拝まれているような気がしてそう感じたのかもしれない。

手接神社の手型足型。奉納されている点数自体は少ないが、合掌している姿の手型は珍しい

「病の根を切る」鎌の奉納

足王《あしおう》神社（岡山県赤磐《あかいわ》市）

足王神社という名の神社がある。もちろん足の神様として、足の怪我や病気に悩む人が多く参拝する神社である。場所は岡山県の中南部。現在はニュータウン化しているが、もともとは静かな山間の里であったことはその地形から想像できる。

神社の入り口の鳥居の両脇には黒御《くろみ》影石《かげいし》で作られた足像が安置されている。足の神様だから石の足像があるのはわかるのだが、膝から上がスパッと切られた脚部像はやや異様である。

階段をのぼり見えてくるのは鎌殿と呼ばれる地味な建物。中を覗いてみると、端のほうに松葉杖や義足、装具などがたくさん並んでいる。

しかし、室内の大半を占拠している

鎌殿内の松葉杖、義足、装具。これらは病が治癒し、必要なくなったため感謝の意を示すために奉納されたものだ

積み上げられた大量の鎌。鎌殿の隅にはたくさんの鉄製の鳥居も奉納されていた

のは大量の鎌だった。何万という鎌がうず高く積まれている光景を目の当たりにして圧倒され、しばらく身動きもできなかった。

一般的に足の神様といえば、木の足型や草鞋《わらじ》を奉納するものだ。ここではなぜ鎌なのか。

この神社の謂れを紐解いてみた。

幕末の頃、近在の梶浦勘助という人が自宅に足名椎命《あしなづちのみこと》と手名椎命《てなづちのみこと》を祀ったところ、御利益があり近所の人達も参拝するようになり、その後現在の地に移転したという。

足名椎命と手名椎命神は、古事記・日本書紀にも登場する夫婦神で、のちにスサノオの妻となるクシナダヒメの生みの親である。

手足一対のうち足の神だけが信仰されるようになったのは、この神社の場所が旧山陽道にもほど近く、旅人に信仰されたからであろう。

鎌奉納の由来に関してはふたつの説がある。

ひとつは、神社の移転の際、梶浦勘助が境内地の草を綺麗に鎌で払った際、その鎌を境内の木の根元に奉納したからとする説。

もうひとつは、「病の根を切る」に由来する説である。

民間信仰における奉納習俗には後者のような語呂合せ的発想がしばしば見られる。願いを「すくってほしい」からしゃもじを奉納するとか、出産に際しては、「すっと抜け出る」ように底抜けの柄杓《ひしゃく》を奉納するとか。

「キットカット」が「きっと勝つ」に通じ、受験生のお守りになる現象に似ているが、古来、「言《コト》」と「事《コト》」に区別はなく、発した言葉や行いは、類似する現実を招くと考えられてきた。

つまり、案外こうした〝語呂合わせ〟は信仰の脈絡では有効なのである。

健脚祈願で奉納される金属製の草鞋

子《ね》ノ権現（埼玉県飯能《はんのう》市）
子《ね》神社（群馬県館林《たてばやし》市）

病気平癒の神々の中でも、足の神様は数としては一番多いのではないだろうか。

いうまでもなく足腰は重要な部位である。昔は足腰が利かなくなったら人は使いものにならず、特に移動することを生業にしていた人や旅人などから、足の神様は篤《あつ》く信仰されてきた。

そんな足の神様を語る際、忘れてはならないのが子《ね》ノ権現だ。この寺は埼玉県の山間部にあり、古くから足の神様として信仰されている。境内には日本一大きいといわれる金属製の草鞋や巨大な下駄などが奉納されており、賽銭箱の上には無数の靴や草鞋、靴下などが奉納されている。ここは天台宗の

子ノ権現に奉納された草鞋。日本一大きいといわれる金属製の草鞋は重さが2トンもあるという

寺院で、その昔、子ノ聖《ねのひじり》という僧が創建したという。

その子ノ聖が、出羽の月山《がっさん》の山頂にて「永く後を垂るべき地を示し給え」と言い、般若心経を高く投げたところ、そのお経が埼玉の山奥まで飛んでいったという。そのお経を見つけ山を開こうとした子ノ聖だが、地元の悪鬼（盗賊）に襲われて火を放たれてしまった。しかし観音様の御加護によって一命を取り留めるも、腰から下を傷めてしまったという。その後、子ノ聖は120歳まで生きるのだが、今際《いまわ》の際《きわ》に「われ登山の折、魔火のため腰と足を傷め悩めることあり。故に腰より下を病める者、一心に祈らば、その験を得せしめん」と誓って亡くなったという。

標高640メートルという高所だけに昔は足の悪い人にとっては難所だったに違いないが、現在ではハイカーやトレイルランナーなどが健脚祈願として大勢訪れている。特にサイクリングではヒルクライムの超難関コースとして脚光を浴びているそうで、筆者が訪れた際も数名のサイクリスト達がボロボロになりながら参拝していたのを見かけた。

一方、同じく子ノ権現と名乗りながら神社となっているところもある。群馬県の子ノ権現である。

子神社に奉納されているステンレス製の草鞋

　こちらは明治初年の神仏分離令以降、子《ね》神社と名乗っているものの、今でも人々の間では子ノ権現と呼ばれている。祭神は大己貴命《おおなむちのみこと》。大己貴命とは要するに大国主命《おおくにぬしのみこと》のことである。子神社の祭神は、廃仏毀釈によって子ノ権現の「権現」の神名が忌避され、「子」（ネズミ、方位の北）にちなむ「ダイコクさま」から大国主命になった（大黒天＝大国主）のではないだろうか。

　大国主は国津神《くにつかみ》の主として全国各地を視察して廻ったという伝承もあり、鉄《かね》の草鞋を履いて旅していたともいわれる。それにあやかり、この神社ではステンレス製の草鞋が奉納されている。

　奉納されたステンレス草鞋はみな綺麗で、キラキラと輝いている。祈願文を見るともちろん足腰の病平癒もあるが、「死ぬまで歩けますように」とか「お婆ちゃんが歩けますように」などといった高齢化社会を象徴するような祈願が多かった。もちろんここでもスポーツ選手やアスリートの健脚奉納は多い。

　ちなみに、「鉄の草鞋」とは使い減りのしない履き物の意で、健脚の象徴だが、それがステンレスになったことで、さらに〝錆びつかない〟御利益も加わったようだ。伝統的な草鞋の奉納文化が密かにバージョンアップを果たしていることも特記しておきたい。

「手の病」の神として崇められた平将門

大手《おおて》神社（栃木県足利《あしかが》市）

　なぜか手型と足型はセットで奉納されているところが多いが、手型のみに特化した神社もある。栃木県の大手神社は手の神様として知られ、境内には手が描かれた絵馬や5本指に似せた5又の木の枝などが奉納されており、その信仰の堅固さがうかがえる。手の病のみならず、手に関する技術や芸事の向上祈願をする人も多い。

　ここが手の神様として信仰されるようになった起源は、平将門伝説にある。

　伝承では、朝廷に逆らった将門が藤原秀郷《ひでさと》に討たれた際に手がこの地に飛来してきたとも、秀郷の捜索に際して桔梗姫《ききょうひめ》が将門の居場所を指差したともいわれている。

　ちなみにこの神社のある足利市内には他にも平将門の足が飛んできたとされる子の権現（足利市樺崎町）や腹が飛んできたとされる大原神社（足利市大前町）などもあり、だったらこちらは「手」だといわんばかりに、手型だけに特化した奉納のスタイルになった。

　足利市はいうまでもなく足利家ゆかりの地である。興味深いことに、日本史上三大悪人と言われる平将門と足利尊氏《たかうじ》がこの地を所縁とし、もうひとりの三大悪人・弓削道鏡《ゆげのどうきょう》も同じ栃木県の下野《しもつけ》市に封ぜられている。なぜ下野国（栃木県）に「悪人」が集中している

平将門伝承の残る大手神社。繊維産業の盛んだった土地だけに技術向上を祈願する絵馬が多い

のか。これは考察のしがいのあるテーマである。

ちなみに、この「三大悪人」は、戦前の皇国史観の脈絡で〝天皇の反逆者〟に張られたレッテルで、（道鏡はともかく）平将門と足利尊氏は地元民にとっては悪人でも何でもない。むしろ将門公にいたっては、都の権力者を大いにビビらせた〝我らのヒーロー〟といっても過言ではない。

戦に敗れた者や政争に敗れた者が神に転化する――いわゆる御霊《ごりょう》信仰――は、非業の死によってこの世に強い思いを残した（と思われる）御霊が、現世に畏るべきリベンジを果たすという文脈で現れる。ただし、その罰が向かわない一般庶民にとっては、怨霊の代表というべき天神《てんじん》・菅原道真《すがわらのみちざね》も将門公も、頼もしき力強い神霊に他ならないのだ。

それはともかく、当社に伝わる手型奉納、とりわけ手のひらをこちらに向ける絵馬の図案は印象的である。そのしぐさは「参った」と降参し、自らの手の内をさらけ出すサインでもある。

つまり手型奉納には、畏敬すべき将門公に対し、隠しごとのない自分自身をさらけ出し、帰依《きえ》を表明するという象徴的な意味が込められているようにも思えるのだが、考えすぎだろうか。

刀を捧げて咳止《せきど》めを祈願する聖地

七郎権現《しちろうごんげん》（福岡県糸島《いとしま》市）

世の中、いろいろな奉納物があるが、ここの奉納物ほどビジュアル的に驚くモノもそうそうないだろう。

福岡県にある七郎権現は目の前が海、そしてすぐ隣が佐賀県との県境という場所にある。海岸沿いの国道から見落としそうな地味な鳥居をくぐり、さして広くない境内に入るとそこは意外にも鬱蒼とした森で、ご丁寧に小さな滝

洞窟の奥に積み上げられた無数の刀。まるで穴の奥にいる怨霊を封じ込めるかのような光景だ

や川までである。しかも頭上にはＪＲ筑紫線が走っているのだ。

　海と国道と県境と電車に囲まれながらも隔絶された小さなエアポケット。そんなサンクチュアリのような場所に浅い岩陰がある。

　岩陰は屋根で覆われ、この場所の中でも大切な部分であることは一目瞭然だ。その岩陰に行ってみると、カラフルな色彩が目に飛び込んできた。

　そこにあったのは数百という刀であった。しかもソフトビニール製の玩具の刀。いわゆるチビッ子がチャンバラで使うアレである。その小さな刀が岩陰の奥を目指して突っ込まれているのである。

　誰もいないような鬱蒼としたプチジャングルのような岩陰で無数の刀が岩に刺し込まれている様は、正直言ってホラー映画のワンシーンのようだった。薄暗い神秘的な森の中にあって、毒々しい色彩と安っぽいソフビ製の刀はいかにも不釣り合いな気がする。こんなことなら本物の刀や木刀を奉納してくれたほうがよほどしっくりくるのだが。

　この七郎権現は、古くから咳止《せきど》めの神様として信仰されている。

　今から１２００年ほど前、戦《いくさ》の際に馬の手綱《たづな》取《と》りだった右馬七郎がこの岩陰に身を隠していた。追っ手から身を隠していた七郎だが、咳をしてしまったばかりに敵に見つかってしまい自刃《じじん》に及んだのだという。その後、哀れに思った村人がこの場所に七郎を祀り、咳の神さまとして信仰したと伝えられている。

　なるほど、つまりこの場所は昔（国道も線路もない頃）から外界から隔絶されたアジール（聖域・避難所）だったわけだ。

　つまり、ここは戦場での避難所から信仰上の聖域に転化したのだと考えれば納得がいく。いやむしろ七郎の伝承など無くとも地形的に聖域としての雰囲気は充分だ。

　しかし腑に落ちない点もある。七郎は咳をして敵に見つかったのであれば、咳止めの神様とするには無理があるのではないか。

　さらに謎なのは、戦で自刃した人に刀を奉納するというその作法である。たとえば、愛知県の野間大坊《のまだいぼう》にはたくさんの木刀が奉納されているが、それはこの地で謀殺された源義朝《みなもとのよしとも》が刀を持っていなかったので殺されたことに由来する。刀が無くて殺された義朝を哀れに思い刀を奉納する、という実にわかりやすい図式だ。

　ところがここの場合はどうだろう。刀を積み上げるでもなく、洞窟に刀が刺し込まれている光景は、自刃した七郎に追い打ちをかけているようにも見えるではないか……。

　あくまで私見だが、咳による悲劇を一身に背負った御霊《みたま》の宿るこの場が、やがて人々の咳の病を移し祓《はら》う場となり、さらに刀剣によって咳を切り、その苦しみを断つ祈願作法が生まれた――とも考えられないだろうか。だとすれば、海に面したこの辺境の地は、祓いの場にこそふさわしい気がするのだ。

　ただ、もうひとつの考えも浮かぶ。

　この戦は、権勢が衰え大宰府に封ぜられた藤原一族のひとり、藤原広嗣《ひろつぐ》が起こした乱で、右馬七郎は広嗣の馬綱取りだった。そう考えると、非業の死を遂げた右馬七郎の霊が災いを起こさないよう、洞窟に刀を刺してその怨霊を封じ込めたのかもしれない。

　とすれば、地元の村人が右馬七郎を憐れんで祀ったという伝承とは正反対のようだが、得てして信仰の場は両義性を帯びることから、これはどちらもありなのかもしれない。

腰巻き図に隠された哀しき御由緒

水使《みずし》神社（栃木県足利市）

　栃木県の足利市に婦人病や子宝に御利益があると言われている神社がある。その名は水使神社。小高い丘の上にある小さな神社だ。その拝殿には無数の布や涎《よだれ》掛《か》けが結び付けられている。よく見れば、女性の腰巻や下着なども奉納されているではないか。さすが女性の神様である。

　拝殿の壁には絵馬もたくさん奉納されている。婦人病快癒を願って奉納する絵馬は、腰巻を巻いた女性の下半身のみが描かれている。腰巻から覗いた華奢《きゃしゃ》な足先は内側を向いており、そこはかとない恥じらいに満ちていてなかなかエモーショナルな図柄の絵馬だと思う。

　この絵馬は水使神社のオリジナルで

水使神社の拝殿前には無数の布や涎掛けが結び付けられている。中には腰巻や下着もちらほら

宝物殿に奉納された「赤裸々な」奉納物。個人的には男根から手が生えていて男根を持っている像がシュールで好き

数こそ少ないが今でもオリジナルの絵馬が奉納されている。ある意味セクシャルな奉納物のメッカともなっている

婦人病平癒祈願の絵馬。着物の下から覗く内股の足の具合が何ともいじらしい

あり、絵馬見たさに全国から絵馬マニアや研究者がやってくる。日本の庶民風俗や民間信仰などを幅広く調査研究していたアメリカの人類学者フレデリック・スタールは、大正時代にこの神社を訪れ「日本におけるもっとも驚くべき、もっとも赤裸々な絵馬の宝庫」と称したという。いくら珍しい絵馬とはいえ、腰巻の図柄が最も赤裸々な絵馬とは考えがたいので、おそらく大正時代にはもっとストレートな絵柄の絵馬があったことは想像に難くない。

その「赤裸々な」奉納は現在もしっかり継承されている。拝殿脇の宝物殿という小さなプレハブ小屋には、木製の男性器を象《かたど》った無数の奉納物が所狭しと並んでいるのだ。婦人病と同時に子宝祈願も請け負う神様だけにその本気具合には目を見張るものがある。

むろん女性器を象ったものも奉納されているが、やはり男根のほうが数といいサイズといい技法といい印象的なモノが多い。例大祭の際にはそのうちの逸品をいくつか拝殿前に飾ったりもするのである。

この水使神社、何故こんな「赤裸々な奉納」がなされる神社になってしまったのであろう？

社伝によれば、この神社の祭神はイソ女水使《じょみずし》権現。聞いたことのない神号だが、当社オリジナルの神名だから当然である。境内の説明板によると、今から約６００年前にイソという水仕女《みずしめ》（台所仕事をする下女）がいた。そのイソの子供が近くの淵で溺れてしまい、それを助けようとして泳げないイソも淵に飛び込み、結局親子ともども亡くなってしまったという。その後、その淵でたびたび祟りを思わせる事故が起きていたが、土地の豪族の夢枕にイソを水使権現として祀れとのお告げがあり、神社を建立したとのことである。

このイソという女性は、出流原《いずるはら》弁天の申し子とされている。

出流原弁天とはこの足利市の隣、佐野市にあり広く信仰を集めている有名な弁天様である。申し子とは神に願って生まれた子、いわば神の化身である。出流原弁天は湧水そのものが信仰の対象となっている神社で、そんな水神の申し子が水難で死んでしまったわけである。しかも親子で。

おそらく、水神の祟りを鎮めるべく、その犠牲となったイソを神（権現）として祀るようになったのだろう。

イソ女のエピソードは、女性に受ける要素が満載だ。水使神社の信仰が今に続いているのは、水、女神（弁天）、子供、悲劇といったキーワードが女性の心をがっちりキャッチした結果だろう。

実はこのイソとその子供にまつわる話は数パターンあり、もっとも古いものは、子供が旦那の籠の小鳥を逃がしてしまい折檻されて殺された話になっている。他にも淵で子供が大鷲《オオワシ》に襲われて殺された話や相続問題の果てに殺されたという話、イソ自身が下の病気に苦しんでいたといった話など、様々なエピソードが入り混じって伝えられている。おそらく、参詣客が増えてきた近代以降、かつての生々しいトーンを抑え、より女性受けの良いストーリーが加わり、編集されていったのだろう。

　ちなみに、絵馬や朱印札に印刷されたイソ女水使権現の御影はしゃもじと櫃《ひつ》を持っており、飯盛女《めしもりおんな》（遊女）を暗示しているように思える。実際、この神社は花柳界からの信仰も篤く、戦前には吉原の女達や芸者衆もたくさん詣でたという。

　この神社の近くにもかつては花街があり、足利市内には日光例幣使《れいへいし》街道の八木宿もあって飯盛女が数多くいたとされる。そこに売られて流れ着いた遊女らの心に、イソ女水使権現の悲劇は響いたであろうことは想像に難くない。

もちろん、婦人病全般に効くということから花柳病（性病）で悩む女性の参詣も多かったのだろう。

　神社の麓には小さな淵が残っている。今ではどんな小さな子供でも溺れることなどないような浅い川だが、近くに渡良瀬川が流れているのでかつては荒れることもあったのだろう。水に因縁の深い土地であることを強く感じさせる信仰だ。

足グッズの奉納とアラハバキ神

荒脛巾《あらはばき》神社（宮城県多賀城市）

　荒脛巾神社は宮城県の多賀城址の鬼門に位置する陸奥《むつ》総社宮の近くにある小さな小さな神社である。

　神社とはいうものの、実際には民家の庭先にポツンとある社であり、その佇まいは何となく民家の屋敷神っぽくてお参りに行くのもやや躊躇してしまうほどこじんまりしているのだ。

　しかしその社に近づくにつれ、その尋常ならざる様子が鮮明になってくる。

　最初に目につくのは不気味にくるくると柱に巻きついた大量の布と千羽鶴。それらに混ざって大量の靴がぶら下がっている。

　更に近づくと奉納物の全容が見えてくる。柱に下がっている靴はスニーカーが多く、他にもスリッパやサンダルも数多く奉納されている。そして柱に巻きついていた布の正体はストッキングや靴下だった。

　さらに社の階段にもずらりと靴が並んでいて、他にも木製の足型や草鞋、歩行装具、スケート靴まで奉納されている。

　この神社が足の神様であることは間違いない。これは荒脛巾神社という社名からの語呂合せだろう。脛巾《はばき》とは歩く際に脛《すね》に巻きつけた布や藁のことで、いわゆる脚絆《きゃはん》の原型である。つまり旅人が身に着けるアイテムであり、そこから自然と足の神様になっていったのだろう。

ところが、このアラハバキ神、そんなに単純に片づけられる神ではない。アラハバキは東日本で多く祀られ、オカルトマニアには有名な古文書『東日流《つがる》外三郡誌《そとさんぐんし》』では蝦夷《えみし》が信仰していた神とされている。

ここでいう朝廷に反する東国の民の象徴であったのだとすれば、朝廷によってアラハバキ神は破却されたか、逆に御霊として祀られた可能性も考えられる。とすれば、蝦夷防衛の最前線とされた多賀城の鬼門守護としてこの神社に鎮まったというパラドックスはどう理解すればよいのだろう。

アラハバキ神は様々なフィールドの研究者によりその正体が推測されてきた結果、余計に正体が判らない謎の神になってしまった。東日本の土着神、神道以前の古代神という説の真偽はさておき、歴史的にも古く、多くの人々が信仰していた神であることは間違いなさそうだ。少なくとも、本来は民家の庭先に祀られているような神様ではなかったはずである。

それがなぜ、いつから足の神様になってしまったのだろうか。

先述のように、民間信仰の脈絡ではその語感や語呂合わせから信仰が発生することはままある。長い時を経て意味が変容してしまう信仰もあるだろう。ただし、本来の由緒は忘れられても、山野を自由に駆けめぐり、ときに朝廷軍を手こずらせた先住民のアグレッシブなイメージがどこかで「足の神様」に投影されていたのではないか。そんな思いは残る。

柱に結び付けられた大量の靴。足の神様といえば草鞋の奉納が多いが、ここではスニーカーやクロックス、スリッパといった妙に現代的な履物が多い

Column 1

おねしょ封じが「梯子《はしご》」である理由

梯子地蔵（京都府京都市）

長さも大きさも様々な梯子が並ぶ。年の数と同じ段数の梯子を奉納するのだという

全国津々浦々の奉納物を見て回る私だが、その中でも一番不思議だった奉納物がコレだ。

松尾大社の裏にそびえる松尾山の麓に小さな寺院がある。その名を薬師禅《やくしぜん》寺《じ》という。急な石段をのぼった先にある本堂の脇に小さなお堂があり、そこには無数の小さな梯子が奉納されている。

この地蔵尊は梯子地蔵尊と呼ばれ、古くから「おねしょ封じ」の神様として信仰されている。ここに梯子を奉納すると、おねしょが治るといわれているのだ。この奉納習俗は現在でも続いており、真新しいミニ梯子がたくさん小堂に立て掛けられている。

梯子は奉納者が手作りしたような拙《つたな》いモノからプロが作ったであろう本格的なモノまで様々。聞くところによると、おねしょする子供の年齢と同じ段数の梯子を奉納するのだとか。

それにしても、なぜ梯子なのだろう？ ひょっとして大人の階段のぼる的な駄洒落なのだろうか。それとも他に意味があるのだろうか。奉納物としてはかなりわかりにくい品である。

言い伝えを調べてみると、こんな昔話に行きついた。

かつて比叡山で修行していた小坊主が夜な夜なおねしょをして、ついには兄弟子に追いやられてしまった。その後、兄弟子の夢枕に小坊主が現れ「自分はすでに死んでしまった、ついてはおねしょに苦しむ子供を救済したい」との意を告げたという。兄弟子が小坊主の出身地の松尾に赴くと、薬師堂の崖上にお地蔵さんがいた。そのお地蔵さんを祀ったのが梯子地蔵尊の起源だという。

だが、それでは梯子を奉納する意味がわからないではないか……答えはこのエピソードの続きにあった。

件のお地蔵さんがあったのは、薬師禅寺の裏山の崖の中。そこに参詣するには梯子が必要だったのだ。願いが叶った人たちは満願成就の御礼として、後から参詣する人達のために梯子を奉納していたのだ。つまり崖を登るための梯子が、いつしか奉納物として認定されていったのである。

その後、地蔵尊自体が崖から降ろされ、現在の地蔵堂に安置されたので梯子でのぼる必要はなくなったが、それでもかつての地蔵参拝の名残りとして梯子の奉納習俗だけが残った、というわけなのである（※『信仰と迷信』1928年／磯部甲陽堂／富士川游・著）。

しかし奉納された梯子の脇に書かれた奉納者の年齢を見ると、後期高齢者のモノもちらほら。そうか、おねしょ封じは幼児だけのものではないのだ。妙なところで日本の超高齢化を身をもって感じてしまったのであった。

かつては崖の上にあったという地蔵は思いの外小さい

願いごとが書かれた梯子。見ているだけで何とも切なくなる

第4章
生贄という作法

生贄《いけにえ》の話をしよう。

人が神に願いをする際、最もランクの高い「奉納物」といえば、それは祈願者の命そのものである。とはいえ、祈願者自らが死んでしまっては元も子もないので、代わりに他者の命を奉納することになる。これが生贄である。

古今東西、生贄の習俗は存在する。有名なのはインカ帝国の生贄。毎日人間の心臓を神に捧げ続けなければならなかったため、他国を占領し、その国の人々を生贄にするということが行われたという。

日本でも各地に生贄伝承は存在する。人柱《ひとばしら》、人身御供《ひとみごくう》と呼ばれる方法は実際に日本でもあったとされるし、池に住む龍神に娘を嫁がせる類いの話（これも一種の生贄であろう）は昔話でもしばしば登場する。

この習俗は一説には食人の時代の名残りだという説もある。戦において敵の肝を食う行為などは、相手のパワーを自分の体内に取り込む行為として、世界各地であったようだ。

時代が下り、人の命を奉納物として捧げることが難しくなってくると、代わりに動物を奉納するようになる。筆者は先般、インドネシアのトラジャ族の葬式を見てきたが、そこでは大量の水牛や豚が葬儀の会場で次々と屠《ほふ》られていた。

これはまさに生贄そのものであり、死者が無事天界に召されるように動物の命を捧げる行為であった。一瞬のうちに頸動脈を切られ、自分に何が起こったのかも判らないまま大量の血を流し絶命していくたくさんの牛や豚が、儀式のあとで参列者全員に振る舞われる。このように動物の命を捧げて神に祈り、共食する行為は現代の日本ではあまり見られなくなったが、その名残りは散見できる。

また、古代には王の墓に家来や武人が贄《にえ》として生き埋めにされたというが、その代用が埴輪や人形《ヒトガタ》なのであるとすれば、一般的に厄落としとされている人形奉納もまた、生贄の習俗の名残りといえるのではなかろうか。

この章ではそんな生贄の名残りを感じさせるヒトガタや動物の奉納習俗を探っていきたいと思う。

呼び覚まされる生贄祭祀の記憶

諏訪《すわ》大社上社前宮《かみしゃまえみや》の御頭祭《おんとうさい》（長野県茅野《ちの》市）

長野県茅野市の諏訪大社上社前宮で行われる御頭祭は、鹿の首が奉納されるショッキングな祭りとして有名だ。

諏訪大社は日本の神社の中でも特異な信仰を伝えており、もとはミシャグジという神を祀っていた。ミシャグジとは「御社宮司」とか「御左口神」などと表記される神で、大和朝廷がこの地を統治する以前に信仰されていた古くからの在来神である。その名残りな

神前に供えられた鹿の首（剥製）。他にも鹿肉の缶詰なども供えられていた

紙に包まれた生きている雉。祭礼後には山の中に放たれる。祭礼中まるで暴れずに神妙にしているのが不思議だった

鹿の首を前に首を垂れる神官。かつては鹿の生首が75頭も供えられ、祭礼後には神と人が大いに食したという

のか、諏訪大社には御柱《おんばしら》祭をはじめとする風変わりな祭礼が多い。御頭祭もそんな変わった祭りのひとつなのである。

4月、諏訪大社上社前宮の十軒廊《じっけんろう》という建物でこの祭礼は行われる。上社からやってきた神輿を建物の中に招き、その供物として鹿の首を奉納するのだ。三方《さんぼう》（神饌《しんせん》を載せる台）に載せられた鹿の首は全部で5つ。他にも鹿肉の缶詰や生きた雉《きじ》なども奉納されていた。さすがに鹿の首は剥製だが、昔は本物の鹿の生首を供えていたらしい。

上社前宮近くにある神長官守《じんちょうかんもり》矢《や》史料館では、かつての御頭祭の様子を知ることができる。江戸時代の記録によると御頭祭では鹿の生首が75頭、さらに猪の首も奉納されていたようだ。他にも、串刺しにした兎や焼いた猪の皮、さらには鹿の肉と脳を和えたものなども奉納されたという。これらの供物を祭りの後、人々と神が大いに食したの

神長官守矢史料館にズラリと並んだ鹿、猪の首。かつての御頭祭の様子は江戸時代の博物学者・菅江真澄の旅行記に詳しい

だという。

　また、この神社では「鹿食免《かじきめん》」という神符を授けている。これは獣肉を食しても良いという免罪符のようなもので、狩猟文化が盛んだったこの地ならではの習慣といえよう。

　この御頭祭、実は鹿の首を奉納するだけでなく、もうひとつの顔を持っている。神長官守矢史料館の展示によると、かつての祭りには「おこう」と呼ばれる子供の存在があった。赤い着物を着たおこうは、柱と共に木に縛り付けられたというのだ。これはまさに生贄そのものではないか。

　ちなみにこの柱は御贄柱《おにえばしら》と呼ばれており、現在の御頭祭でも渡御《とぎょ》の際、神輿と一緒に上社から前宮まで運ばれて、鹿の首と一緒に神前に供えられる。つまり生贄の隠喩《メタファー》として現在でも機能しているのだ。このおこうの存在に関しては公式には多くは語られないが、言い伝えによると、昔はおこうを殺して神に捧げたとか、斬る真似だけをしたとか、本来は神に仕える家の子を差し出すのであるが実際には乞食の子を使っていたとか、様々な噂話が聞こえてくる。

　いずれにせよ生贄の行事が、柱一本であるにせよ現代に残っていることと自体驚きである。御頭祭自体が極めて呪術的な祭りで、その趣旨は謎の部分が多いとされているが、神と人が血と肉を共食していたその祭りからは、古代的なカミ信仰の記憶の残滓《ざんし》が見え隠れするのであった。

妖しき山寺に残された謎のヒトガタプレート

藤瀧不動尊（群馬県みどり市）

　藤瀧不動尊は渡良瀬《わたらせ》渓谷鉄道にもほど近い里の近くにある山中の寺だ。

　本堂の裏手には滝があり、行場《ぎょうば》（修験道の修行道場）になっているようで、その滝へと向かう階段の手すりにたくさんのヒトガタ（人形）がぶら下がっている。

　ヒトガタは亜鉛メッキのトタン板でできている。誰もいない薄暗い木々の合間で木漏れ日を浴びて鈍く光っている。ヒトガタはそのアウトラインだけを象《かたど》っており、目も鼻も口もない。しかも妙に手足がヒョロっとしていてこの世のものではない雰囲気を漂わせているのだ。

見れば、同じように亜鉛メッキのトタン板製の足型や手型も奉納されているので、身体の悪い人が奉納したものと推測できる。しかし、普通の手型足型やヒトガタには病気平癒の願いごとや奉納者の氏名といった文字情報が書かれているはずだが、ここには一切そういう文字はなく、ただただヒトガタの金属板だけが風に吹かれてゆらゆら揺れているだけなのだ。

そこからは何かを願うとか祈るという具体的な意思があまり感じられない。まるで宇宙人を信仰している人たちの奉納物なのではと疑いたくなってしまう。

ここまで意味不明のプレートがたくさんぶら下がっていると、病気平癒といったストレートな願いごとではないような気がしてくる。

これはひょっとして、生贄としてのヒトガタ奉納なのではなかろうか。

根拠は何もないのだけど、ここまで抽象化しているということは、ヒトガタそのものを神に捧げている、ひいては人間そのものを奉納しているように思えてくる。それに、何かを祈願するための奉納であれば、もう少し何らかのインフォメーションがあってしかるべきではないか。

一般的にヒトガタとは、人間の災厄などを封じ込めて流したり燃やしたりすることでその災厄を消す（祓う）アイテムなので、燃えたり朽ちたり溶けたりする素材で作られるのが一般的（たとえば木とか紙とか土とか藁とか）だ。

とすれば、あえて金属でできたヒトガタを奉納するのは、単純な厄落としとしてのヒトガタ奉納ではないことを

秋の残照に浮かび上がるヒトガタ。手すりに縛り付けるためなのだろうが、頭に穴を開けられているのが余計に生贄っぽさを強調している

意味しているのではないだろうか。

一方、まったく別の観点から金属製のヒトガタが奉納されている理由を考えてみる。

極めて合理的に考えれば、それは単純に場所の問題だと思う。谷筋で滝の流れるこの場所は日当たりも悪く、湿気も多い。したがって、普通の鉄ではすぐに錆びてしまうだろう。現に滝の近くに奉納されている剣は古い鉄製のものは全て錆び、朽ちてしまっている。一方、近年奉納されたステンレス製のものは綺麗なままだ。

ここのヒトガタ奉納がいつから始まったのかは定かではないが、錆びないように亜鉛メッキ製のヒトガタが奉納されるようになったのだろう。

宇宙人だ、生贄だと想像を膨らませてはみたものの、現実的な理由はそんなところかもしれない。

しかしそんな妄想を掻き立てられるほどに、このヒトガタにはミステリアスな妖しさがつきまとっているように思えるのだが、いかがだろうか。

谷筋の滝なので、周囲は湿気が多く、滝のそばに奉納された鉄製の剣などはみな錆びてしまっている。ヒトガタも古いものは表面に苔がのっており、やや緑色に変色している

離島の神社に積まれた大量の〝鹿の角〟の謎

志賀海《しかうみ》神社（福岡県福岡市）

博多湾に蓋をするように横たわっている島、志賀島。島といえども本土とは砂洲で繋がっており、福岡市内から車で行ける行楽地として人気の島だ。この島は古くから朝鮮半島との交易の要所であり、蒙古襲来（元寇）の際は合戦の場にもなっている。そして何より、有名なのはあの「漢委奴国王《かんのわのなのこくおう》」でお馴染みの金印が出土した場所なので

ある。つまり歴史的にも地理的に極めて重要な島なのだ。

そんな志賀島に志賀海神社という社がある。創建は不詳だが、神功《じんぐう》皇后の三韓征伐に際しての伝説が残る歴史ある神社だ。島の鎮守であると同時に海防をつかさどる神社として、全国の綿《わた》津見《つみ》神社や海神社の総本社とされているだけに、山の上にある社からは海が良く見渡せる。

そんな神社の一画に鹿角堂《ろっかくどう》という小さな建物がある。コンクリート造の建物の三方は嵌《は》め殺しの格子になっており、その中には鹿の角だけがびっしりと詰め込まれているのだ。

鹿の角は格子の上の方まで積み上げられている。その数は1万本以上という。鹿の角で埋め尽くされているため、もちろん中に人は入れない。一体どうやって鹿の角をこの建物の中に積み上げることができたのだろう？ 不思議で仕方がない。いずれにせよ、今の状態では鹿の角を後から堂内に入れることはできそうにない。それはつまり、今現在は鹿の角はもう奉納されていない、ということも意味している。

この鹿の角の奉納もまた、神功皇后に由来する。

神功皇后が対馬《つしま》で鹿狩りをした際に大量の鹿角を奉納したのがきっかけで、祈願成就の御礼に鹿の角が奉納されるようになったという。中には、鹿の角に浮きを付けて流されたものを漁師が拾い奉納したものもあるという。

鹿角堂外観。神社は海に面した高台にあり、境内から海が良く見える

ここで気になるのは海の神である志賀海神社に何故、鹿の角が奉納されているのか、ということだ。正確な理由はわからないが、いくつかのヒントは散りばめられている。

ひとつは鹿という動物の特性。奈良の鹿を例に出すまでもなく鹿は山に生息する生き物と捉えられがちだが、実は島から島へと泳ぐ能力も持っている。つまり海の生き物として祀られる側面もあったのではないだろうか。鹿の角に浮きを付けて流すという習俗も、鹿が泳いで島を渡り繁殖していくことの隠喩《メタファー》のように思える。

さらに、この志賀海神社には山誉種《やまほめたね》蒔漁猟祭《まきかりすなどりのまつり》（山誉祭）という祭りがあり、祭りの中では鹿狩りの様子も再現されるという。つまりこの神社は海

１万以上あるという鹿の角。これだけの鹿の角をどうやってこの建物に入れたのかも不明だ

の神様であると同時に山の神様でもあるのだ。その両方の神性を併せ持つ鹿はこの神社を象徴する存在といっても過言ではないだろう。

また、この神社で祀られている海神・安曇磯良《あずみのいそら》と茨城県の鹿島神宮の鹿島明神を同一視する伝承もあるという。よく知られているように、鹿島神宮といえば鹿を神使とする神社である。

ただし、「志賀島＝鹿の島＝鹿の角奉納」というのは俗説で、志賀島は「近し島」が訛化《がか》したものであるという。

ともあれ、玄界灘に突き出た御崎《みさき》である志賀島は、古来様々なものが出会い、交錯する特別な場だったのだろう。ここにしかない奉納物が、何よりそのことを物語っているようだ。

3000の黒髪が捧げられた奇跡の聖水

椿大師《つばきだいし》（大分県豊後高田市《ぶんごたかだ》）

自分の身体の一部を差し出す奉納習俗もまた、生贄という風習が姿を変えたものといえまいか。

日本各地には髪の毛を奉納する習俗が散見できる。有名なのは京都東本願寺にある、多くの女性の髪の毛を編んで作った毛綱。明治の再建工事の際に、麻縄では強度が足りないために、信徒の女性たちが自発的に頭髪を差し出したという。

このような毛綱は他でも見ることができるが、重要なのはこれらの髪の毛の提供者はすべて女性である点だ。つまり女性の髪の毛には特別な霊力が宿っていると見られているのである。

他にも女性の髪の毛を奉納する例は多い。

東北地方の日本海側の漁村や港町にある寺社に行くと、時々髪の毛が奉納されているのを見かける事がある。薄暗い寺社の堂内で真っ黒い長い毛が大量に奉納されていたりするのを見かけると腰を抜かしそうになるが、これらは自分の夫が航海で海難に遭った時その命を救ってもらうために、神仏に自分の分身として髪の毛を奉納するのだという。

他にも色々な寺社で毛髪奉納を見かけてきたが、その中でも抜群に強烈だった場所の話をしよう。

大分県の国東《くにさき》半島。一般的には六郷《ろくごう》満山《まんざん》という天台宗系の山岳信仰が花開いたとされる地だが、真言宗の開祖・弘法大師がここを訪れたという伝説も残っている。

考えてみれば国東半島は九州の一部ではあるものの、地理的には瀬戸内海の西に位置している。したがって、四国・讃岐《さぬき》（香川県）を発祥とする弘法

椿堂本堂。この奥には弘法大師が修行したという霊窟があり、そこには大師ゆかりの御霊水が湧いている

軒下に並んだ髪の毛。ボッサボサである。その下にはコルセットやギプスなども奉納されていて一種異様な雰囲気が漂う

大師信仰がここに流れ着いてもおかしくはない。

その弘法大師がある日、国東半島にやってきて、椿《つばき》の錫杖《しゃくじょう》を地面に刺した。するとそこから水が湧きだし、その水は今もこんこんと湧いているのだとか。

これが世にいう椿大師伝説である。

金星を呑みこんだり、両手両足口に筆を持ち一瞬で五行の書を書いたり、と超人的な逸話を残している弘法大師にしてみればやや地味なエピソードの部類に入るが、実は、弘法大師が水を湧き出させたという伝説は全国各地に伝わっており（弘法水、弘法井戸、弘法清水など）、その土地の人にとっては、極めて重要な奇跡を起こした偉人として記憶されている。

ただ現在、椿大師伝説の残る地に行くとやや面食らう。そこには椿光寺《しゅんこうじ》、椿堂、さらに椿大堂という3つの寺院が隣接しており、それぞれが椿大師伝説所縁の地として自己主張しているのだ。どこが本家なのかはお大師様のみぞ知るといったところだが、この熾烈な本家争いもまた、弘法大師空海の存在の偉大さゆえと勝手に理解させていただく。

で、本題に入る。椿堂の本堂を詣でると、驚愕すべき光景が待ち受けていた。

その軒下に、ギプスやコルセット、松葉杖に混ざって大量の髪の毛が奉納されているのだ。その数約３０００人分！

髪の毛はみな長く、50センチから長いものは1メートルほどある。もちろん、みな女性のものだろう。軒下とはいえ屋外に吊るされているので、キューティクルが抜けてバッサバサになっている。髪の毛というよりは熊の毛皮のようだ。

それにしてもこれほど大量に奉納されていると不気味なのを通り越して、得も言えぬ迫力があり感動的ですらある。よく髪は女の命というが、何年もかけて伸ばした髪をバッサリ切って奉納するわけだから、相当な覚悟で捧げられた奉納物といえる。

お寺によるとこの髪の毛は、ここの霊水を飲んで病気が治った人がその御礼に奉納したものだという。つまり、隣に置かれている松葉杖やコルセット

椿堂入口にある鐘楼下には、本堂に上げきれなかった髪の毛や義足や装具などがうず高く積み上げられていた。軒下にあるためこちらの髪の毛は生々しい

も病気が治って必要なくなったから奉納されたものなのだ。ここはまさに、フランスのルルドの泉のように、霊水と信仰の力によって病気治しの奇跡が起こる場所なのだ。

このような場所は、往々にしてグロテスクな光景が繰り広げられることが多い。それは崇敬者が寺院全体のランドスケープを考えずに、かなり前のめりに奉納をしまくるからなのだ。それは病に効き目があるとされる寺社であればあるほどその傾向が強い。

興味深いのは、寺社サイドも奉納者・参拝者の側も、誰もこうした光景が出現することを想像だにしていなかったことだ。誰もコントロールできなかった景観だからこそ余計に、見ている我々の魂をも揺さぶるのかもしれない。

大量のチョウの羽が織りなす驚きの装飾

山田教会（長崎県平戸市）

長崎県生月島《いきつきしま》。かなり辺鄙な島だが、長崎本土とは橋で結ばれており、陸繋がりの地としてはほぼ日本最西端の場所にある。

そんな生月島はかくれキリシタンの里としても有名だ。江戸時代のキリスト教禁教時代に潜伏したキリシタンは幕府の目を逃れ、２５０年もの間、信仰を継続していた。この生月島以外にも、長崎県の外海《そとめ》地方や五島列島、熊本県天草地方にかくれキリシタンは多数存在していた。

彼らは表向き仏教の行事をこなし、葬式も仏式で行い仏教徒を装っていた。しかし実際にはオラショと呼ばれる祈祷を唱え、観音像などに似せたマリア観音を拝んでいたという。こうして長い間、正式な祭司もいないまま、秘密結社のごとく信仰は継続されたのである。

その結果、仏教や神道、民間信仰などと混ざり合い、元のカトリックとは似ても似つかない、世界中のどこにもない混成宗教ができあがってしまった。

明治に入りキリスト教が解禁される

明治から昭和にかけて数多くの天主堂教会を手掛けた鉄川与助の手による建築。木造のコウモリ天井が印象的な建物である

と、多くのかくれキリシタンは改めてキリスト教に「改宗」し、正式にカトリックの信者となっていった。しかし一部のかくれキリシタンはカトリックに入信せず、江戸時代の間、連綿と続けられてきた信仰形態をそのまま継続する道を選んでいる（※現在では禁教時代のキリシタンを潜伏キリシタンといい、現代でも潜伏キリシタン時代の信仰形式を継承している人々をカクレキリシタンと呼び分けている）。

　現在、かくれキリシタンは時代の流れと共にその信仰を受け継ぐ者が激減し、生月島などにわずかに存在するのみとなってしまった。

　そんな生月島には、山田教会という教会がある。

　ここは大正元年に建設されたカトリックの教会である。この教会ももちろんかくれキリシタンから「改宗」したキリスト教徒を受け入れるための教会だ。ちなみに明治になって禁教が解かれた直後も、生月島の人々の8〜9割の人々は、従来のかくれキリシタンとしての信仰を続けていた。おそらくこの教会ができた頃ですら、この島ではカトリックの信者は少数派だったかもしれない。そんなかくれキリシタンとカトリックの信仰がせめぎ合う、ある意味、宗教最前線に置かれた橋頭堡《きょうとうほ》のような存在がここ山田教会だったのだ。

　長崎各地の教会建築を数多く手掛けてきた鉄川与助《てつかわよすけ》の手による山田教会は、こじんまりしているが木造のコウモリ天井が特徴的な上品な教会だ。正面には着物を着た人が神を拝むレリーフが飾られており、この島の悲しいキリスト教弾圧の歴史を今に伝えている。

　しかし、端正で上品な教会のはずなのに何か違和感を感じる。見上げてみるとコウモリ天井の両脇のアーチの部分に、やけにプリミティブな装飾が施されているのだ。それはマルを基調としたデザインで、どこか中南米あたりの華やかさとレトロモダンっぽいデザインを想起させる文様だ。

　違和感の元は、文様の妙にピカピカテカテカした質感《マチエール》から発せられている。2階に上がってよく見てみれば、それらの文様は全部チョウの羽でできているではないか！　ひぇぇ！　一体これだけ大量の羽をどうやって入手したのだろうか。

　見たところ、その辺に飛んでいる日本の蝶ではない。モルフォ蝶などの海外にしか生息していないであろう蝶の羽が、惜しげもなく使われているのだ。

　これらの装飾は、１９９０年頃に当時の司祭が「七つの秘跡」をモチーフに作ったそうだ。たしかに、昭和の末期に撮影された写真（板倉元幸『昭和末期の長崎天主堂巡礼』所収）にはこの装飾は施されていない。驚くべきことに、これらの装飾は長い時間をかけて作られたものではなく、比較的短期間にひとりの司祭によって作られたら

蝶の羽でできた模様。この模様を丹念に作っていった人物の執念のようなものを感じる

魚のモチーフが多い。「イエス・キリスト・神の子・救い主」という言葉のギリシャ語の頭文字を取ると魚という言葉になるから、魚は迫害時代のキリスト教のシンボルとして良く用いられていた

しいのだ。

　蝶の羽をむしり、貼り付け、文様を作っていく。神への信仰心と忠誠心を表明すべく、蝶という生き物の身体の一部である羽を捧げていったのだ。それを本人がどこまで意識していたのかはわからないが、生贄を供える行為に似ているように思えてしかたがない。もちろん、ただ単に美しく彩りたいという理由だけだったかもしれない。しかしそこには、宗教の名のもとに注がれた驚異的なエネルギーが現れている。

　カクレキリシタンとカトリックがせめぎ合う生月島。そこに発現した前のめりな信仰心を目の当たりにして、筆者はただただ驚く他ないのであった。

首から上の御利益と帽子の奉納

御首《みくび》神社（岐阜県大垣市）

岐阜県大垣市にある御首神社は、首から上の願いごとに御利益がある神社として信仰を集めている。

　首から上の願いごとといえば、一般的には頭や首などに関する病気平癒の祈願と思いがちだが、昨今では頭が良くなりますようにという学業成就系の祈願が主流になっている。特に、年初めには大勢の受験生が、志望校を書いた絵馬を奉納しに訪れるという。さらにアルツハイマー病防止などの祈願もあり、首から上という限定的な神徳ながら、結構な人気を集める神社である。

　そんな御首神社の一画に絵馬堂がある。

　絵馬堂といえば普通、板絵馬が掲げられているものだが、ここの絵馬堂は一風、いや二風も三風も変わっている。絵馬堂には絵馬は一枚もなく、その代わりに大量の帽子が掛けられているのだ。

　一瞬何のことだか理解できなかったが、絵馬堂の説明書きを要約すると、常に神様の近くで諸祈願成就の守護が得られるよう「自身の代わり」として帽子が奉納されるということのようだ。

　自身の代わり、つまり奉納者の生首の代わりに帽子を奉納していると解釈できる。これもひとつの供犠《くぎ》（生贄を供える祭祀）のバリエーションといえるだろう。

　帽子は麦わら帽子や農作業用の帽子、そして小学生の通学用の黄色い帽子や体育で使う赤白帽などが多い。土地柄、中日ドラゴンズの野球帽もちらほら見かける。長年使っていた帽子が多く奉納されている印象だ。

　それにしても、この神社の首から上へのこだわりは一体何なのだろう？

　由来を見ると、この神社の創建からしてかなり特殊な神社であることが浮かび上がってくる。

　この御首神社の創建は約1000年前、平将門の乱に端を発する。朝廷への謀反《むほん》を起こした平将門が戦に敗れ捕

ズラリと並んだ帽子。雁首揃えて、という言葉がぴったりくる光景だ。奉納されている帽子は新品ではなく実際に使われていたモノが多い

えられ、最後は首を刎《は》ねられてしまう。その後、将門の首級《しゅきゅう》は京都に晒《さら》されたが、夜な夜な目を開き「俺の胴体はどこだ！」と叫んでいたという。

そしてある日、ついに将門の首は故郷の東国を目指し、再び挙兵すべく飛び立っていったという。この知らせを受けた美濃国《みの》（現在の岐阜県の一部）の南宮《なんぐう》神社では、将門が東国に戻り再び兵を興さぬように、隼人神《はやとのかみ》が矢を放ち見事その首を打ち落としたのだという。で、その首が墜ちた場所で将門の首を祀ることになり、この御首神社が創建された、という伝説が伝わっている。

つまりこの神社は、射ち落とされた将門の首を祀るためだけに創建された神社なのだ。

同じように将門の首が飛来してきた伝承が残る場所として、東京大手町の将門の首塚がある。他にも将門の首が飛来したり、祀られているという伝承

がある神社や塚は全国にいくつかある。その多くは関東地方に集中しており、京から東に向かって飛来する首を打ち落としたとされる美濃の伝承も、その脈絡に沿ったバリエーションのひとつといえる。

将門の評価というのは東西で相当違っていて、朝廷側、あるいは時代が下り明治新政府にとっては、平将門は新皇を勝手に名乗る悪党以外の何者でもないのだが、東国においては決して悪人ではない。むしろ苛政ばかりを押し付けられた東国の苦しみを代弁して挙兵した存在として、シンパシーを感じていた節もある。

実際、江戸時代には徳川幕府の名のもとに「将門は朝敵にあらず」との名誉回復の令が発せられている。

これは、当時の徳川幕府が朝廷に政治的介入をさせないためにあえて成された裁定だといわれるが、伝統的に東国では将門が朝廷に対抗したヒーローと捉えられていたことは間違いない。

余談だが、将門の胴体を祀る神田明神（からだ→かんだ）では明治新政府の意向で平将門を祭神から除いたが、昭和59年になって再び将門を神として合祀《ごうし》している。平将門は現代においても、ヒーローと反逆者の間を行ったり来たりするアンビバレンツな存在なのだ。

東国の将門を九州の隼人が美濃で討つ。何とも複雑な話だが、そこに朝廷の思惑が見て取れはしないだろうか

では、東国と西国の中間地点である美濃の地での将門評は一体どうだったのか。

以下は筆者の私見だが、地理的にも、将門への思いは西のそれでも東のそれでもなかったように思える。ぶっちゃけて言えばどちらでもいいというスタンスだったのではなかろうか。

当時の美濃は、間違いなく大和朝廷の配下にあった。したがって将門は朝廷に弓引く悪者である、との認識はあったはずである。しかし、着目したいのは東に向かって飛んでいく将門の首級を打ち落としたのが隼人神であるという点だ。

隼人とはいわゆる南九州の民のこと。同様の民に熊襲《くまそ》がいるが、大和朝廷に服属したのがハヤトで、従わなかったのがクマソだというのが一般的な定説だ。その後、隼人族は朝廷警護などの要職に就いたといわれている。

九州由来の隼人神に、東国のヒーロー将門を美濃の地であえて討たせる。

おそらく、朝廷の側は東国はもちろん美濃の民も信用してないから隼人に討たせるし、隼人は隼人で東国の賊を討つことで朝廷への忠誠心を表したのだろう。その一方、美濃の側は、都からの知らせを受けたものの、自らの手を汚したわけでもなく、ただトバッチリを受けた形になっている。

ではなぜ美濃がその舞台になったのかといえば、やはり、(象徴的に)朝廷のテリトリーである畿内と蛮族が棲まう東国との境に位置していたからだろう。つまりその首が東国に帰還されても困るし、畿内にとどまって怨霊になるのも困る。だからこそ、その〝落としどころ〟として美濃が選ばれたのかもしれない。

かくして、美濃の地に、敵でも味方でもない、空恐ろしい霊威に満ちた首級だけが残された。

御首神社の伝説は当事者意識に乏しく、なにがしかの感情を掻き立てるものではないが、それゆえに帽子を奉納するという即物的な信仰スタイルになったのかもしれない、などと思ったりもするのである。

山の神に捧げられた無数のシシ骨

シシ権現（大分県臼杵《うすき》市）

遠い昔に潰えてしまったかのように思える生贄の習俗。しかしそれはすべて消え去ってしまった訳ではないことを本章では述べてきた。その最後に、日本で一番生贄の習俗が色濃く、ハードに残っている場所を紹介しよう。

大分県臼杵市の山の奥にその洞窟はある。

小さな神社の参道脇に、まるでテレビゲームに出てくる秘密の入り口へのヒントのごとく、鎖が一本崖からぶら下がっているのだ。その鎖をよじ登り、さらに数本の鎖をよじ登る。手を滑らせたら間違いなく死ぬ、そんな崖である。そうして絶壁をよじ登る事、数十メートル。ようやく洞窟の入り口が姿を見せるのである。

薄暗い洞窟の中に一歩入ると、思わず足が止まってしまう。そこには見渡す限り動物の骨がうず高く積み上げられているのだ。あまりの衝撃にしばし立ち尽くす。

見れば骨はほとんど猪のもので、頭蓋骨だけは一ヶ所に集められている。頭蓋骨には奉納者の氏名と住所が書かれており、同じ人物が何度も奉納している事がわかる。さらに大分県外からも猪の頭蓋骨の奉納に訪れていることもわかった。

洞窟の奥のほうは足の踏み場もなく様々な部位の骨が散乱しているため、その骨の上を歩いて進まなければならない。その「さくっ、さくっ、」とい

獣の骨であふれかえった洞窟。あまりに骨が増えてしまって、崖下に捨てたこともあったという

う足の裏の感触は一生忘れられないだろう。

洞窟の一番奥には小さな祠があり、この洞窟が信仰の場であることを物語っている。

この洞窟は猟師に信仰されていて、その年の一番最初に獲った獲物を捧げるのだという。つまりこの洞窟に祀られている神は山の神であり、その年の豊猟を祈願しに来るのだ。

かつては頭蓋骨だけでなく、実際に血肉が付いた獲物をこの洞窟に運んだのだという。繰り返すが、手ぶらでも命がけで登らなければ到達できないような険しい崖の上である。そこに猪や鹿を背負って登る猟師のタフさに、ただただ驚かされる。

あらためて洞内を見渡す。白骨化した骨がほとんどだが、中には血や肉の付着した骨もあり、獣の匂いが漂っていて、どこからか骨と化した獣の咆哮《ほうこう》が聞こえてくるようだ。山の神に捧げる血と肉と骨はそのまま生贄であり、自ら殺《あや》めた命への供養でもある。

都会で生活している人間や概念でしかものを考えられない人間には理解できないかもしれないが、人が獣と対峙して生きていかねばならないシビアな場所では、獣を殺しながら食しながら供養しながら、ときには生贄として神に捧げながら生きていかなければならないのだ。

ハードなアプローチと衝撃的な光景。私も様々な信仰風景を見てきたが、これほど強烈な場所は見たことがない。精神を強烈に揺さぶられる「信仰の現場」。しかしそれは人が生きていくという事の本質的な姿でもある。そのことをちゃんと肝に銘じておきたい。

頭蓋骨だけが並んでいる一画。その几帳面な並べ方からは信仰の真摯さがうかがえる

第5章

生と性

～生命誕生の神秘と畏れ～

生と死は人間にとっての永遠のテーマである。

人は何処《どこ》から来て何処へ行くのか？　古今東西の宗教はそのふたつの未知なる領域の正体を探り続けてきた。極端な言い方をすれば、宗教とはこのふたつの命題を解明するために人々がすがった共同幻想といえなくもない。というわけで、本章では生と死の「生」そして「性」の部分に着目してみる。

男と女、ふたりの人間から新たなる生命が生まれる。それは実に神秘的な現象である。出産のメカニズムが科学的に解明された現代においてさえ、我々は産まれたばかりの赤子を見ると、そこに大いなる神秘と神性と希望を感じてしまうものだ。それは原初的な生命の誕生への喜びと畏れなのだろう。

人が人を生み、種としての人間の生命が連続することの意味とは何か？　といった普段忘れてしまいがちな大きなテーマを、無垢な赤子に対峙することで改めて考えてしまうのである。

そこには思想とか趣向とか宗派とか、そんな後付けの嘘臭くて理屈っぽい概念など十万億土の彼方に葬り去るほどの剥き出しの生が存在しているのだ。……と、偉そうなことをいいながら、本題はチンチン奉納のハナシです。

犠牲となった若き御霊に捧げる男根群

お花大権現（徳島県東みよし町）
麻羅《まら》観音（山口県長門《ながと》市）

男性器奉納は日本各地に見られる習俗で、その多くが子宝を祈願するものだ。徳島県にあるお花大権現は、大量の男根が奉納されている寺として名高い。境内の奉納物殿という建物の中には大量の男性器が奉納されていて、その迫力に思わず後ずさりしてしまいそうになる。男性器はサイズも種類も多彩で、かなりアバンギャルドな男根か

奉納物殿の内部には奉納された男根が所狭しと林立している。男根奉納は民間信仰では重要な位置を占めていることを物語っている

数といい種類といい圧倒されるばかりである。日本広しといえどもこれだけの男根が一堂に会している場所もそうそうない

男根に囲まれるようにして琵琶を携えた半裸の弁財天が鎮座している。悲惨な最期を迎えたお花の霊を慰めるためのものだろうか

ら妙にリアルな男根までがずらりと揃い、さしずめ男根博物館と化している。

伝承によると、お花という若い女性が播州《ばんしゅう》の城主に見初《みそ》められ寵愛を受けたが、腰元たちの嫉妬を受けて殺された。お花は城主の夢枕に現れ、「愛欲に悩む人を救う」と言い残し消えていったので、それを憐れんで祀ったのがきっかけだといわれている。

別の伝承では、お花は殺された際、局部を切り取られ酢漬けにされ、城主の食膳に上げられたという恐ろしい話も残っている。林立する男根と悲しい伝承のコントラストが印象的な寺であった。

一方、山口県にはその名もずばり麻《ま》羅《ら》観音という場所がある。温泉街のはずれの山中の小さなお堂の周辺には、驚くほど立派な男性器が林立している。素材は金属や石材、コンクリートなど様々だが、いずれも子宝や絶倫、夫婦円満などの願いが込められている。

麻羅観音に林立する男根。金属や石でできたものが多い。奉納者が金物屋や石工に作らせたものだろうが、注文している様子を想像するだけで思わず頬が緩んでしまう

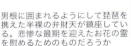

堂内には陶製のミニ男根も所狭しと並べられ、さらにお堂の隣の祠《ほこら》にも納まりきれない男根がびっしりと並んでいる。温泉街に近い場所でもあるのでシャレで奉納する人も多いのだろうが、それにしても凄い数である。

この男根奉納には謂《いわ》れがある。戦国時代に謀反《むほん》で殺された太守《たいしゅ》（大名）の末子が女装して身を隠していたところを見つかり殺されてしまう。その際、男子である証拠として局部を切り取られて持ち去られてしまったのだという。

お花大権現は可憐な若い娘、麻羅観音は女装した幼子という差はあれど、いずれも若い命が奪われ、その命が新しい生命の誕生をつかさどるカミサマとして再生している。生と死が常に背中合わせであるように、生は死によって生まれることを象徴的に物語っているように思えてならない。

堂内に並んだ男根は陶製で比較的最近奉納されたもの。古くなったものは順次隣の祠に移される。近くの売店で購入して奉納するようになっている。ほとんどが子宝祈願だが、中にはここではお伝えできないようなえげつない願いごともあったりする

田んぼのあぜ道に奉られる性器のまぐわい

ナーバ流し（茨城県行方《なめがた》市）

性器の奉納習俗は、単純に生殖の事だけを祈願するわけではない。

古来から男性器は災厄や病を払い、外的を威嚇するものとして機能してきた。と同時に生命誕生の神秘性は、我が国の農耕社会においては五穀豊穣と密接にリンクしていくことになる。

生殖と農耕はふたつの車輪のごとく、大きな願いごととなっていくのだ。子宝祈願は人間の種の存続として重要なことだし、食料の確保は今生きる人達の生命を維持する上でこれまた重要な案件だ。

このふたつの祈願は、人々の究極的な願いごととして長い年月をかけて同義になっていく。その生と性、さらに豊穣を象徴する奉納は全国に多々ある

田植えを終えたばかりの水田の真ん中に出現する巨大な男女の性器。藁で作られているからだろうか、淫靡な雰囲気はまるでない。むしろ大らかさが際立つ

結合した男女のシンボル。左側が男性器右側が女性器。女性器は藁苞納豆のような形状。日本の民俗社会の中で男性器の表現は日本中一緒なのに対して、女性器はその表現方法がまちまちなのは興味深い

ナーバを慎重にセッティングする地元の人々。「位置がおかしい」とか「角度が違う」などと言いながら何度も何度も抜いては刺しながら微調整していた。その議論の様子が実に楽しそうだった。最後は藁に酒を掛けて完成、と相成る

が、それをいちばん象徴している行事が、茨城県行方市で行われているナーバ流しだろう。

行方市の蔵川地区は、霞ヶ浦と北浦に挟まれた肥沃な田園地帯だ。田植えの終わった5月末、その水田のあぜ道に、藁《わら》で作った1メートルほどの男女の性器が奉納されるのだ。

これは御船《みふね》神社の祭礼で、毎年氏子《うじこ》の方々が藁で男根と女陰を作る。田んぼのあぜ道に設置された男女の性器は遠くからでもよく見える。まるで公開の性交のようでもあり、気恥ずかしい気もするが、これは五穀豊穣と子孫繁栄を祈念した真面目な祭礼なのだ。

ナーバとは苗束《なえたば》、つまり田植え用の束ねた苗のことだ。実際、男女の性器にも陰毛と思しき場所に苗束を使用しており、妙なリアリティを醸し出している。セッティングは思いのほか慎重に行われていた。挿入角度があるだとかこうだとか、真面目だか不真面目だかよくわからない熱い議論が田んぼの真ん中で繰り広げられていく。ちなみに、現在は竹と縄で固定されているが、かつては可動式だったそうで、風に吹かれてブランコのように男性器が抜き差しされていたという。これほど大らかで直接的な奉納物も中々お目にかかれまい。

ともあれ、議論と細かな修整のすえ無事結合された男女性器は、さらに補助の竹の角度や位置を微調整し、ようやく「コレでよかッペ」と相成《あいな》ったのであった。

真っ赤なお股の「下の神」の由来とは

三ツ木《みつぎ》神社（埼玉県 鴻巣《こうのす》市）

埼玉県の県央部、鴻巣市や桶川《おけがわ》市周辺の神社では、しばしば奇妙な猿の像を見かけることがある。ほとんどの猿は石でできていて、いわゆるウンコ座り、あるいはM字開脚のポーズで座っているのだ。股の部分にはキッチリ女性器が彫られており、朱色に塗られている。これは安産の呪《まじな》いなのだ。

これらの猿奉納の習俗は関東地方でしばしば見かけられるが、特に鴻巣から桶川周辺の山王《さんのう》神社に濃密に分布している。山王神とはもともと比叡山延《ひえいざんえん》暦寺《りゃくじ》の守護神で、天台宗と密接な関係を持つ信仰なのだが、この土地では安産や子宝に特化した神社になっている。その証拠に、地元では山王神社を「下の神様」と呼んでいるのだ。山王信仰における祭神、山王こと大山咋《おおやまくいの》命《みこと》の眷属である神猿と、子供をポンポンと生む野生の猿の特性がここに合体して安産猿信仰が誕生したと思われる。

その中でもとりわけ強烈なのが鴻巣市の三ツ木神社だ。この神社も山王信仰の神社で、入り口には安産祈願の幟《のぼり》がたなびいている。拝殿の前には全身を朱でびっしり塗られた猿の像が2体。

眷属殿の中にはおびただしい数の石の猿が積み上げられている。ポーズは皆同じだが、大きさや形は様々だ。おそらく近在の石工に作らせたものだろうが、一体一体ユニークな造形で、いつまで見ていても飽きない

もともとは安産祈願のために股に朱を塗っていたものが、いつの間にか自分の身体の悪い部分に朱を塗ると治る、というおびんずる様状態になってしまい、ついには全身朱だらけになってしまったという訳だ。

　拝殿の隣には眷属殿《けんぞくでん》という建物があり、中を覗いて思わず絶句。そこにはこれまで奉納された大量の石の猿がうず高く積み上げられているのだ。その数は6000体以上という。猿は様々な形状のものがあるが、やはりオーソドックスなのはM字開脚の雌猿。その多くが江戸中期以降に奉納されたものだという。

参拝者が自分の身体の治したい場所に朱を塗ると病が良くなるとされている。この神社はもともと織田信長の比叡山焼き討ちの際に逃亡してきた僧が創建したとの由緒

　医療の発達していない、お産婆さんだけが頼りの時代の出産は、現代に比べてはるかに危険が伴っていた。また産後の肥立ちが悪くて死亡するケースも多かったという。そんな時代の妊婦において、安産とは単に「痛いの嫌だ」のレベルではなく、かなり切実な願いであったはずだ。そんな切実な6000の願いの結晶が一気に迫ってくるのだ。驚くほかあるまい。

　この神社は元荒川《もとあらかわ》と忍川《おしかわ》が合流している場所にほど近い。川の合流地というのは川と川がひとつになる、つまり夫婦和合を連想させる地形でもあり、信仰上重要な場所だ。ちなみに、大山咋命は、自らを丹塗《にぬ》りの矢に変身して川遊びをしていた玉依姫《たまよりひめ》を懐妊させたという伝承がある。その縁起を伝え、玉依姫を祭神とするのが京都の下鴨神社で、ここもまた川の合流地点にある。かように川の合流地点は妊娠に関する伝承に事欠かない。

　元荒川は昔は荒川の本流であったが、江戸初期に治水のため河道を変えられた。もしかしたら忍川と合流したのはその時期かもしれない。とすれば、猿奉納の時期が江戸中期から始まったのと符合する。丹塗り（＝朱塗り）、川の合流地、大山咋命の眷属の猿、一見無関係な要素が実はひとつの伝承に集約されているのだ。

　それにしても、埼玉の股の真っ赤な猿が、京都を代表する古社の美しい縁起譚にルーツをもつとは……。意外にも由緒正しい（？）猿奉納の習俗なのである。

図書案内

2018.11

〈アイコンの見方〉

DVDブック　DVD付き書籍

Blu-rayブック　ブルーレイ付き書籍

CD付き　CD付き書籍

電子書籍　電子書籍もあります

駒草出版

〒110-0016　東京都台東区台東 1-7-1 邦洋秋葉原ビル 2 階
TEL 03-3834-9087／FAX 03-3834-4508
http：//www.komakusa-pub.jp

※表示価格は税別です。これに所定の税がかかります。※書店様にてご注文いただけます。

ロイヤルバレエスクール・ダイアリー　全8巻

アメリカからイギリスへやってきた10歳の女の子、エリー。新しいお友達と、すてきな先生たち。バレリーナになる夢をかなえるため、エリーの挑戦が始まった！

アレクサンドラ・モス 著、竹内佳澄 訳
四六判／各200〜240頁　本体　各1000円

❶ エリーのチャレンジ
英国ロイヤルバレエスクールをめざし、アメリカからやってきた少女、エリーの物語、第一弾。

❷ 跳べると信じて
きびしいレッスンに打ち込むエリーに、ロイヤルバレエ団の公演に出演するチャンスが！

❸ パーフェクトな新入生
パリから来た新入生、イザベル。なかなか学校になじもうとしないのには、特別な事情があった。

❹ 夢の翼を広げて
中間休みを終えたエリーたちに試練が。振付コンクールに向けて練習に打ち込む。

❺ ルームメイトのひみつ
ふだんは明るいケイトのようすが最近ヘンなの。なにか隠しているの？

❻ いっしょならだいじょうぶ
学年末公演を前に、不安にかられるグレース。エリーはなんとか力になろうとするが……。

趣味・実用

日本の結界　陰陽師が明かす秘密の地図帳
水の家系第27代陰陽師 安倍成道 著／四六判／224頁
安倍晴明が編み出した巨大結界は、誰の指示で、何のために張られたのか。日本の巨大結界を解き明かす！
本体 1400円

お取り分け猫ごはん
猫と同じゴハンを食べてわかった24のコト
五月女圭紀 著、はりまや佳子 監修／A5判／128頁
安心で安全な食材でつくる〝猫＆人兼用〟のお取り分けレシピ集。
本体 1500円

おんぶで整うこころとからだ
松園亜矢 著／A5判／144頁
少しでも早く始めてみて欲しい！あかちゃんがかわいくて仕方なくなる、おんぶ＆おむつなし育児。
本体 1300円

汁かけごはん
オールカラー
田内しょうこ 著／A5判／112頁
あったか煮物から、冷たい汁ものまで。『ごはんに汁ごとかけるとおいしい！』レシピ集。
本体 1500円

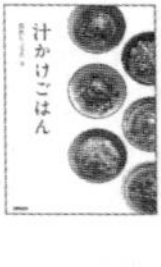

僕が恋した日本茶のこと
青い目の日本茶伝道師、オスカル
ブレケル・オスカル 著／四六判／180頁
テレビや雑誌への露出で話題のスウェーデン人日本茶伝道師の初著書！日本の魅力を再発見。
本体 1500円

バランス・ドッグマッサージ・ハンディテキスト
もっと！愛犬に近づくための3つのテクニック
電子書籍
松江香史子 著／A5変判／108頁
3種類の重要なマッサージのテクニックをイ
本体 1500円

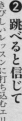

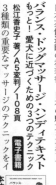

サブカルチャー

大人気

デリヘルドライバー

東良美季 著／四六判／280頁

第40回 講談社ノンフィクション賞 最終候補作品

男たちの欲望と女たちの切ない想い。その隙間を埋めるため、彼らは今日も走る

本体 1500円

東京湾諸島

加藤庸二 著／A5変判／256頁

物流島、発電基地、海上要塞、ごみ埋立地……膨張する首都を支える島々の〝知られざる内部〟へ。

本体 1800円

上野アンダーグラウンド

電子書籍

本橋信宏 著／四六判／336頁

横丁、路地裏、色街跡。昭和の怪しさを訪ね歩く。話題作『東京最後の異界 鶯谷』著者の新作！

本体 1500円

2刷

月間100万PVの人気サイト、待望の書籍化

「東京DEEP案内」が選ぶ
首都圏 住みたくない街

電子書籍

逢阪まさよし＋DEEP案内編集部 著／A5判／504頁

アングラ系街歩きサイトの巨頭「東京DEEP案内」が、サイト開設から9年半で培った膨大な情報量を基に、首都圏の「住みたくない街」「住んだら最悪そうな街」を徹底批評。消去法的に見つける「住みたい街」探しの新バイブル！

本体 2200円

6刷

ミステリーな仏像

オールカラー

本田不二雄 著／A5判／256頁

体内に臓器と骨格をそなえた秘仏、Vサインをする謎の菩薩……驚くべき姿かたちの神仏像。その史実に迫る仏像ガイド。

本体 1500円

3刷

コミッ

楽園通信社綺談 ビブリオテーク・リヴ

佐藤明機 著／B6判／388頁

伝説のSFコミック2作を復刻&合本化！ファンにはたまらないコレクターズアイテム。

本体 1200円

2

ゆるくて可愛い、粟岳ワールド

たぶん惑星 愛蔵版

粟岳高弘 著／B6判／320頁

昭和64年「夏」、ありえないはずのその年に、とある惑星で何かが起きる⁉傑作SF愛蔵版！

本体 1100円

ぬむもさんとんぽぬくん

電子書籍

粟岳高弘 著／B6判／256頁

ゆるくてかわいい宇宙人「ぬむも」さんと「んぽぬ」くん。SF連作を1冊に！

本体 925円

取水塔

電子書籍

粟岳高弘 著／B6判／336頁

「この町は、なんか変だ。」待望の長編SF単行本化！美少女たちと異星人がコンタクト⁉

本体 1100円

2刷

鈴木式電磁気的国土拡張機増補版

電子書籍

粟岳高弘 著／B6判／256頁

「昭和的美少女SF」という新世界！描き下ろし短編と未収録作品を加えた永久保存版！

本体 925円

2刷

いないときに来る列車

電子書籍

粟岳高弘 著／B6判／256頁

どこか懐かしくて新しい傑作SF。鬼才・粟岳高弘の作品集!!

本体 925円

2刷

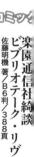

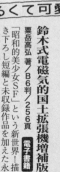

占い

人気!　伊泉 龍一の占いシリーズ　ルノルマンカード付き!

ルノルマン・カードの世界
伊泉龍一、桜野カレン 著
A5変判・箱入り/194頁
的中率の高さで、人気上昇中のカード占い。基礎から実践まで段階的に学べる!

本体 3400円　10刷

ラーニング・ザ・タロット
ジョアン・バニング 著、伊泉龍一 訳/A5判/396頁
アメリカでベストセラーのタロット入門書を西洋占術研究の第一人者、伊泉龍一が翻訳!

本体 3200円

リーディング・ザ・タロット
伊泉龍一、ジューン澁澤 著/A5判/308頁
22枚のカードの世界が「囚われ」たあなたの自己を「解放」する――

本体 3200円　3刷

数秘術の世界
伊泉龍一、早田みず紀 著/A5判/304頁
数秘術の歴史からメッセージの導き方まで網羅。初心者から熟練者まで楽しめる。

本体 2400円　8刷

数秘術　完全マスターガイド
伊泉龍一、斎木サヤカ 著/A5判/497頁
自分自身の内に秘められた『数』のメッセージをあなたは意識する――

本体 3600円　6刷

西洋手相術の世界
伊泉龍一、ジューン澁澤 著/A5判/379頁
『手』に宿された星々の言葉。西洋手相術のレッスンを本格的に解説した決定版。

本体 2800円　3刷

音楽

シナトラ・コンプリート
三具保夫 著/B5判/288頁
フランク・シナトラのオリジナル・アルバムを、シナトラの世界的オーソリティー三具保夫が徹底解説!

本体 5500円

証言で綴る日本のジャズ
小川隆夫 著/A5判/544頁
InterFM『Jazz Conversation』でのインタビュー中心。日本のジャズ史について27名の貴重な証言集。

本体 5200円

証言で綴る日本のジャズ2
小川隆夫 著/A5判/540頁
「証言で綴る日本のジャズ」待望の続編!日本の戦後ポピュラー音楽史を知るための必読書!

本体 5200円

JAZZ歴史的名盤　ジャケ裏の真実 ジャズ・ジャイアンツ編
小川隆夫 著/四六判/304頁
ジャズ・ジャイアンツたちの歴史的名盤(16名/70枚)の原版ライナーノーツを徹底解説。

本体 2500円

ヴォーカルはいつも最高だ!
武田流アナログで聴くヴォーカルの愛し方
武田清一 著/A5判/272頁
2007年から2014年まで連載された『ジャズ批評』の人気コラムがついに単行本化。

本体 2500円

SOMETHING JAZZY
島田奈央子 著/四六判/228頁
女性ジャズライターが選ぶ、女性のための、新しい入門ジャズミュージック。

本体 1800円　2刷

安産・子宝への祈りが爆発する空間

関脇優婆夷尊《せきわきうばいそん》（福島県猪苗代《いなわしろ》町）
子安《こやす》観音（福岡県篠栗《ささぐり》町）

人形の奉納というと水子供養や人形供養を思い浮かべてしまいがちだが、安産や子宝祈願として人形を奉納するケースも案外多い。一見、薄暗いお堂の中に人形が並んでいると少し不気味な気もするが、そこには妊娠や出産を願う人々の真剣な祈りが込められているのだ。

福島県猪苗代町の関脇優婆夷尊は、古くから安産祈願の神様として地元の信仰を集めている。優婆夷尊とは姥神《うばがみ》の事だ。「橋場のばんば」の稿（第1章）でも触れたが、この会津地方は「あんばさま」「ばんばさま」と呼ばれる姥神信仰が盛んで、その多くが安産の神様とされている。

堂内の大半の空間を占拠する吊るし飾り。人形の他にも布で作った吊るし雛のような飾り物が大量に吊るされている。みな子宝や安産を祈願する女性たちが奉納したものだ

その姥神信仰の中心でもある関脇優婆夷尊の小さな堂内に一歩足を踏み入れると、その濃密な空間に一瞬たじろいでしまう。天井から大量の奉納物がびっしりと吊るされているため、前が見えないのだ。奉納物はひとりの人が奉納したものではなく、後から後からたくさんの祈願者が奉納物を付け足していって巨大化したもののようだ。あまりの量に天井が抜けるんじゃないかと心配になるレベルである。

その千羽鶴や端切れで作った吊るし雛のような飾り物の中に、子宝祈願の人形が奉納されているのだ。ものすごい量の飾り物と壁にびっしりと貼り巡らされた安産祈願の幟《のぼり》とが織りなす呪術的空間と、あどけない人形の表情とのコントラストが印象的だった。

常に山から強風が吹きつけているこの地方での出産は、かつては相当な困難があったのだろう。見た目はやや恐いが、これは真剣な願いから生まれた光景であって、この地方の厳しい環境を何より物語っているといえよう。

人形奉納といえば、強く印象に残っている寺が福岡県篠栗《ささぐり》町にある。篠栗町は、四国八十八ヶ所を模した篠栗八十八ヶ所霊場で有名な町だ。日本最大の寝釈迦をはじめとして様々な信仰習俗が詰め込まれた、九州でも指折りの

民間信仰の牙城といえるエリアなのだが、その中の番外霊場に子安観音と呼ばれる寺がある。

山の斜面に建てられた質素なお堂の中に入ると、大量の人形が目に飛び込んでくる。祭壇の前に並んだ人形は上へ上へと積み上げられ、最早、本尊である観音様など見えない状態になってしまっている。どちらかというと観音様に参るというよりは人形に手を合わせるような恰好だ。人形を奉納するスペースは正面だけでは足りないようで、左右の壁にも棚が設けられており、そこにも大量の人形が供えられていた。

人形を見る限り、新しいものばかりだ。最近になって爆発的にブレイクした一種の流行神のような奉納習俗なのかもしれない。ありとあらゆる種類の人形が持ち寄られており、改めて日本にはこんなにたくさんの種類の赤ちゃん人形がある事を思い知らされた。ここまで前のめりな光景にはなかなか出会えない。子が欲しい、無事産みたい、子供が元気に育ってほしい、という奉納者の真剣な気持ちが痛いほどに見ているこちらに伝わってくる。

このような奉納習俗は、おおむね女性によるものである場合が多い。現代社会と違い、伝統的な社会の中では信仰においても男女は分けられていた。たとえば生や性の祈願でも男性的な属

本尊であるはずの子安観音は人形に隠れて見えない

ほとんどが赤ちゃんか女の子の人形だった。堂内にはこの近辺に子安観音を真似た寺があるので注意して欲しい、との貼り紙が

性と女性的な属性がある。姥神信仰や子安信仰は、女性による女性のための願いである。一方、同じ生への信仰でも人形道祖神や男根信仰のように五穀豊穣やムラの守りを担う神への信仰は極めて男性的な性格を帯びる。

そして女性的な信仰習俗のほうがよりエモーショナルであり、見る者の心を動かす要素を含んでいるように思える。それはムラとかクニとかイエといった社会性を整えるための信仰ではなく、一個人の強い願いに立脚するものであるからだろう。そしてときに仏教や伝統的信仰のルールにとらわれず、いやむしろ積極的に新しいスタイルへと更新されていくのだ。

無数のキューピー人形が醸し出す「圧」

栃尾又《とちおまた》薬師堂（新潟県魚沼《うおぬま》市）

子宝祈願の奉納は寺社だけでなく、時として温泉でも行われる事もある。

新潟県の山間部にある栃尾又温泉は古くからの湯治湯として温泉マニアにはお馴染みの秘湯だ。その一方で、この温泉は子宝の湯としても名高い。

宿の隣には樹齢400年の杉の巨木があり、子宝杉と呼ばれている。この杉の木は幹が二股に分れていて、その間を男女でくぐると子供が授かるという言い伝えがあり、子に恵まれない夫婦が訪れるのだ。この祈願は深夜、人に見られないように行わなければならず、人目に付くと御利益がないといわれている。

その隣には夫婦ケヤキという木があり、2本のケヤキがH字型に結合しているのだ。これもまた夫婦和合をイメージさせる木だ。この2つの木の脇には小さな薬師堂が建っている。温泉といえば現代ではレジャー施設だが、かつては療養、医療施設だった。なので、歴史のある温泉には医薬のホトケである薬師如来が祀られていることが多い。

ただし、ここが他とは違うのは、子宝を祈願する人が奉納した無数の小さなキューピー人形で覆われていることだ。かつては千羽鶴や普通の人形が奉納されていたのだが、現在はすべてキューピー人形で統一されている。これは旅館でキューピーが売られるように

虹梁（こうりょう）に下げられたキューピー人形。少しでも高いところに奉納することで願いを届けたいという奉納者の強い気持ちの表れであろう

温泉の売店でキューピーを購入して奉納する。袋の中にはキューピー人形の他に願いごとを記入できる紙が入っている。子宝、安産の真剣な祈願が小さな袋に詰まっていた

なったためだ。

通常の子宝祈願の社寺などでは、売店で既製品が売られていても、自前の人形などが持ち込まれるものだ。そのあたりが温泉宿らしいカジュアルさなのかもしれない。むろん、様々な種類の人形が雑多に奉納されているよりも統一されているほうが印象はよりすっきりとするはずである。

しかし、この迫力はどうだ。

ここには子供が欲しいという切実な願いが醸し出す猛烈な圧力が感じられるのだ。一見無邪気なキューピー人形だが、同じ表情であるがゆえ、そのおびただしい数が不気味さを演出し、ついつい恐れおののいてしまうのかもしれない。

医学は進歩しているが、こと妊娠の有無に関しては科学的、合理的な説明では収まりきれない部分がどうしても残る。その、医学ではフォローし難い情の部分を補填するのがこういった信仰なのかもしれない。

といいつつ、昭和の某大衆誌などによると、この栃尾又温泉はかつては長期の湯治客が多く、客同士での夜這いが盛んだったという（あくまでも某大衆誌の記事です）。子宝の湯という由縁は案外そのあたりにあったりするのかもしれない。やや身も蓋もないハナシなのだけど。

巨大すぎる男根を誇る藁《わら》製道祖神

ショウキサマ（新潟県阿賀《あが》町）

東日本、特に東北地方には藁で巨大な人形を作り、村境に設置する習俗が広く存在する。その多くはムラに災いや病が入ってこないようにするための道祖神として設置されている。

この「人形道祖神」にはいくつかの特徴がある。ひとつはそのサイズ。大きいものになると4メートルほどの藁

阿賀町熊渡地区のショウキサマ。正鬼神社の境内にいる。大きな木にくくり付けられた立ち姿のショウキサマはムラに災厄が来ないように通せんぼのようなポーズをしている

の人形が村境に立っているのだ。それは道祖神という素朴な信仰を通り越して、プチ大仏のようですらある。道祖神の呼称も様々だ。人形様、鹿島様、鍾馗《しょうき》様、仁王様……。共通しているのは巨大な人形であること。そして妙に性器を強調していること。そう、これらの道祖神は大抵デカチンなのである。

なぜそうなのかといえば、ウチの村にはこんなに身体もチンチンもデカい野郎がわんさかいるぞよ、という見栄……ではなく、視覚的によそ者を威圧するためのアイテムだからである。つまり呪術的に疫病を防ぐという意味合いと同時に、具体的に悪人を村に入れないための防御策でもあったのだ。

その人形道祖神は、特に秋田県の大館《おおだて》市や能代《のしろ》市、湯沢市、横手市、福島県の田村市、茨城県の石岡市などで集中的に見ることができるが、もうひとつ、顕著に現存しているのが新潟県の阿賀町なのである。

阿賀町は会津から流れる阿賀野川の流域にある町で、かつては会津藩の領地であった。つまり新潟県でありながら会津地方（福島県）の文化圏に位置する土地なのだ。その阿賀町が会津、ひいては東北地方の文化圏に属すると思われる最大の証拠が、この人形道祖神の存在なのである。

この町では現在5つの集落で人形道祖神の奉納習俗が見られる。特に大きなものは大牧《おおまき》のショウキサマと熊渡《くまわたり》のショウキサマだ。いずれも3メートルほどの藁人形で、村の守り神として毎年作り替えられている。その姿は身体を藁で作られているが、木の太刀を脇に差し、顔だけは和紙に書かれており、東北の人形道祖神と同様に〝通せんぼ〟の恰好をしている。

そして何といっても特徴的なのが、この町のショウキサマすべてがその身体と比しても巨大すぎる男根を有している点だ。男根も藁で編まれており、よそ者を威嚇すると同時に子孫繁栄、五穀豊穣を祈願しているのは明らかだ。この巨大な男根は外的に対しての威嚇と同時に、村の内側の人々にとっては繁栄を約束するアイテムなのだ。

このような藁で作った人形の道祖神は東北各地で散見されるものの、大抵は道祖神と刻まれた石碑が設置されるのが一般的だ。中には道祖神の代わりに巨大な藁の蛇や草鞋を設置するところもあるが、それでも石碑が圧倒的多数を占める。

では、そこに手間も暇もかかる藁製の人形道祖神をわざわざ設置するのはなぜか？

以下、個人的な見解だが、そこには藁という素材の特性があるように思う。一般的な石造の道祖神は村の守り神として村境に置かれるだけだが、そこに加えて藁製道祖神が置かれる理由は、それが「定期的に解体され、作り替えられることを前提とした神」だからなのではなかろうか。

　そこには、村の様々な災厄を道祖神が一身に引き受け、その厄を解体し、祓《はら》うことで帳消しにするというシステムが構築されている。だから解体可能な藁でなくてはならなかったのである。

　ショウキサマは、村にふりかかってくる災厄をため込んでくれるものの、そのままではいつまでも村の災厄は完全には解消されない。したがって年に一度「神殺し」をすることで村の災厄を消し去るのだ。そうすることによって、再生されたショウキサマに新たなパワーが吹き込まれ、また再び村の守り神として機能する。その証拠に、大牧のショウキサマの祀られているお堂の裏山には、去年廃棄されたショウキサマの残骸が打ち捨てられていた。

　つまり東北地方全域に見られる人形道祖神は、単なる外的からの防御だけでなく、村の内側の不平を吸い取る〝依《よ》り代《しろ》〟としての機能を有していたと考えられる。

　そこには、単なる農村の素朴な文化といった紋切型な切り口では見えてこない、ドロドロとした閉鎖社会の因《いん》業《ごう》が詰め込まれているようにも思われる。おそらくそれこそが東日本のリアルな農村のマインドなのだ。

　なお筆者としては、周囲を威嚇する恐ろしげな形相に作ったつもりが、結果として面白いルックスになっているところも人形道祖神鑑賞のポイントだと申し添えておきたい。

阿賀町大牧地区のショウキサマ。阿賀のショウキサマの中でも一番大きい。両手両足を広げ恐ろしい表情で威嚇している……つもりなのだろうが、どこかユーモラスで憎めない

巨大なイチモツをさらけ出す土製道祖神

チョンボ地蔵（新潟県長岡市）

いかがであろうか、この大胆すぎるフォルム。身体の半分を男根が占める異形中の異形のカミサマ。これはチョンボ地蔵と呼ばれている五穀豊穣の神なのだ。

新潟県の栃尾《とちお》。現在は長岡市に合併されているが、上杉謙信ゆかりの地として、また雁木《がんぎ》や油揚げの街として深い歴史と文化を育んできた街である。その栃尾の町はずれに音子《おんご》神社という社がある。かつて土中から地蔵像が現れ、それを祀っているという少し変わった神社だ。その境内にこのチョンボ地蔵は祀られている。

地蔵は赤土でできており、毎年8月の終わりに近在の人々によって作られる。最終的には手で表面を仕上げるので、できたばかりのチョンボ地蔵の表面はツルツルである。

チョンボとはこの地方の方言で珍棒のことだとか。それにしてもこの男根のスケール感、凄すぎである。全身と男根がほぼ同じサイズですもの。お地蔵様といえば思い浮かぶのは賽《さい》の河原で鬼にいじめられている子供たちを救う姿。こんなお地蔵様が現れたら逆に子供たちのトラウマになるって……と心配される方もおられるかもしれないが、心配御無用。このチョンボ地蔵、実はお地蔵様ではないのだ。チョンボ地蔵を作る8月末、完成した像の脇には「道祖神」と書かれた札が立てられる。そう、これはお地蔵様ではなく道祖神なのだ。そりゃそうだよなあ、こんな猥褻なお地蔵様なんてありえないもんなあ。

確かに必要以上に強調しすぎる男根の表現は人形道祖神そのものだ。それにしてもなぜここまで巨大な男根を持つ道祖神が誕生したのだろうか？　なぜ道祖神なのに地蔵と呼ばれているのだろうか？　そしてなぜ土で作られているのだろう？

様々な疑問が浮かぶが、それらはおそらくここ栃尾が人形道祖神の文化圏の外側にある地だからこそ起こった現象なのだろう。

人形道祖神の奉納が盛んに行われているのは東北地方だ。先の稿でも述べたが、ごく例外的に新潟県阿賀町に人形道祖神は存在する。そこからさらに山を隔てて50キロほど離れた栃尾に道祖神の習俗が伝播したとは考えにくい。

ところが何らかの拍子で人形道祖神のカルチャーが伝わってしまったと仮定しよう。もともと人形道祖神が存在しなかった地にやってきた人形道祖神。生き残るために様々な知恵を絞った結果、本来の姿とは色々違ってしまったのかもしれない。

まず名称。そもそもこの栃尾には、

音子神社の入口に、まるで門番のように鎮座するチョンボ地蔵。視線の先には水田が広がっており、まるで田んぼを監視しているかのようでもある

体の半分が性器。道祖神だからこその造形だが、やりすぎ感は否めない

昔から長野などで見られるような夫婦の姿が刻まれた双体道祖神の石像が数多く存在している。栃尾の人にしてみれば、道祖神といえば双体道祖神の石像なのだ。したがって、従来の双体道祖神との差別化を図るため、当社の由来をふまえてあえて地蔵と呼ぶことにしたのではなかろうか。

次にその形状。これも想像だが、この地には古くからほだれ大神という巨大な木でできた男根が祀られている。これもまた道祖神として祀られているものだ。つまりこの土地にはもともと双体道祖神とほだれ大神というふたつの道祖神があった。そこに人形道祖神が入りこんできた、と考えれば、ほだれ大神に相通じるスタイルが採用されたとも推測できる。

そしてもうひとつの疑問。なぜ土で作ったのか？　これは最大の謎だが、藁で大人形を作る作業は技術的なノウハウも必要になってくるため、比較的簡単に作れる土製が選ばれたのではないだろうか。

しかし土で道祖神を作るという行為は、あながち的外れとはいえない。というのも人形道祖神というものはムラの災厄をため込み、浄化する役目を負っているため、堅固な石ではなく、作ってから数ヶ月で風雨で溶けて崩れてしまうことも重要なのだ。そういう意味では理想の素材といえる。なにより〝土地の神〟そのものではないか。

つまり、男根をアピールした東北型の人形道祖神をこの地に根付かせるにあたり、無理のない範囲で栃尾らしさを生かしてできた道祖神がチョンボ地蔵の正体といえよう。

一見、笑うしかない形状の神様だが、（おそらく）様々な試行錯誤が隠されている。なので、この文化伝播の奇跡とでもいうべき異形の神様を今後とも絶やすことなく作り続けていってほしいと切に願うばかりだ。

このチョンボ地蔵、数か月もすると風雨で崩れてしまい、ただの土の塊に戻ってしまう。毎年毎年再生される道祖神なのだ

男根に釘打ち浮気止め祈願

弓削《ゆげ》神宮（熊本県熊本市）

南阿蘇を水源とし、有明海に注ぐ白《しら》川《かわ》。その白川の中流域に弓削神宮という神社がある。ここは性の神様として広く信仰を集めている神社で、境内には木で作られた男根が数多く奉納されており、絵に描いたようなチンチン神社の様相を呈している。

もちろんこれら奉納された男根には子宝や安産、五穀豊穣といった願いが込められている。中には2メートル近い「巨根」も幾つか奉納されており、その信仰の篤《あつ》さと度を超えた性神信仰のパワーを感じさせてくれるのである。

とはいえ、ここまでは日本全国で見られる性神信仰の神社とさして変わらない。ここで特筆すべきは、本殿脇にある小さな小屋なのだ。小屋の前には大きな男根が置かれていて、ここが性器奉納のキモであることを如実に物語っている。

その小屋の中を覗き込むと、実に痛々しい奉納物が大量に積み上げられていた。そう、そこにはびっしりと釘が打ち込まれた男根がうず高く積み上げられていたのだ。これは浮気封じ祈願の奉納物である。夫がどこかよそで浮気をしていると感じた妻がこの神社に来ては浮気をしないように木彫りの男根に釘を打ちこんで奉納するのである。

見れば四角い板に菱形に釘が打ち込んであるものも奉納されている。これは女性器を象《かたど》ったもので、夫が妻の浮

本殿脇にある「巨根」。跨ってくれと言わんばかりに鎮座している

性器に釘を打ち込んで奉納する。見ているだけでも痛々しい

積み上げられた大量の男女の性器。浮気封じなのに、性器同士が釘で引っかかり、絡み合い縺れ合いしている様は異様な光景だ。平板に菱形を象った女性器の表現が珍しい

気封じを祈願する際に奉納するものだという。どちらも大量の釘が打ち込まれていて、その様子に見ているだけで思わず内股になってしまいそうだ。

夫あるいは妻が居ない間に大量の釘を一心不乱に打ち込む姿を想像すると、人間の業の深さを感じざるを得ない。縁切り祈願とはまた別の鬼気迫る奉納物である。

ちなみに白川の対岸には弓削法皇社という神社があり、こちらにも大量の男根や女陰が奉納されている。

何でもふたつの神社はそれぞれ陰と陽の関係にあり、言い伝えによれば、ともに弓削道鏡《ゆげのどうきょう》に由来する神社なのだという。

弓削道鏡といえば、奈良時代に僧侶でありながら朝廷の極位（法王）に昇りつめ、さらに皇位をうかがおうとした挙句、都を追放されたとされる僧侶で、一説には女帝の孝謙《こうけん》天皇に寵愛されたことから姦通説、さらには巨根説まで流布されることになってしまった人物だ。

ここ弓削神宮に伝わる伝説では、都を追われた道鏡がこの地で藤子姫という女性を見初め、平穏に暮らしたとされている。それにしても、女性天皇との姦通により自ら天皇になろうとしたとされる人物に浮気封じを願うとは、理に適っているのだか適ってないのだかよくわからない。性力をもって性力を制す……と解すべきだろうか。

家屋の棟木《むなぎ》にご鎮座するアレ

火伏せ（福島県南会津《みなみあいづ》町）

性器奉納には意外な願いが込められている場合もある。福島県南会津町の旧南郷村では、家屋の棟木に木製の男根と女陰を奉納する習俗がある。これは「火伏せ」と呼ばれており、主に火災除けのために奉納するのだという。

この習俗は現在でも続いており、近年建てられた建物でも男女の性器を設置することがあるそうだ。現代の建物は棟木が天井で塞がれてしまうので見えなくなってしまうのだが、伝統的な家屋では天井がないので、棟木に男女の性器が鎮座しているのが見えるのだ。

奥会津博物館南郷館に併設された古民家でその様子を見ることができる。巨大な藁葺き屋根の屋根裏に、立派な男性器と女性器が備え付けられている。家の棟木にはカミシモがあり、上座に男根、下座に女陰を設置する。これは村のカミとシモに男女のカミサマを設置する道祖神の習俗によく似ている。

さらにこの博物館では村内の火伏せの男女の性器を収集しており、古民家の奥の部屋には男女の性器がぎっしりと並んでおり、壮観だ。棚に並んだ性器は男女別に分かれている。男女どちらも木製で、いずれも真っ黒に煤《すす》けている。これは囲炉裏の煙で燻《いぶ》されたか

南会津町前沢曲家史料館に展示されていた火伏せ。実際には屋根裏のかなり高い場所に設置するので、ほとんど見えないのだが、ここは観光用に敢えて低い位置に移動させたもの

らだろう。黒光りした性器は得も言われぬ迫力があり、特別なマジカルパワーを内包しているように思えてくる。

男性器は長さ60センチほどのモノが多い。根元にはご丁寧に立派なタマまで付いているのが他の地域の男根奉納と異なる点だ。また女性器は、女性の下腹から腿の上部までを切り取ったような形状で、肝心な部分も勿論リアルに仕上げてある。

余談だが、男女の性器奉納の習俗において、男性器の表現が全国的にほぼ同じなのに対して、女性器の表現は実に多様である。ここの「火伏せ」のように下腹部周辺を切り取って写実的に再現しているものもあれば、藁を丸く編んだドーナツ状のモノや藁苞《わらづと》納豆《なっとう》のような抽象的な形状など様々だ。奉納された女性器の表現の地域的分布は興味深い課題だが、それはこれからの宿題として問題提起だけに留め、話を戻させていただく。

一見珍妙な習俗のように思えるが、この「火伏せ」の習俗は江戸中期にはすでに存在していた。行われていた地域も現在に比べてはるかに広範だったようだ。ではなぜ「火伏せ」の習俗は南会津の一部にしか残っていないのだろうか？

考えられる理由はただひとつ、それはこの地域が幕府の直轄地だったからだ。

奥会津博物館南郷館に収集されている火伏せ。薄暗い室内に並ぶ男女の性器は得も言えぬ迫力がある。これらは全て実際に使われていたもので、旧家が取り壊される度に譲り受けた貴重なものだ

江戸初期の寛永年間に保科正之《ほしなまさゆき》が会津藩の藩主となると、藩内の男根崇拝や道祖神などの迷信を禁ずる令が発布された。

それにより会津藩内では男根崇拝などの性器信仰が徐々に廃れていった(※ただし、新井白石《あらいはくせき》が福島市松川で火伏せを見たという記述もあり、江戸中期でもこの習俗が失われたわけではなかったようだ)。

一方、南会津の地は会津藩に位置するが、実際には奥州への要所であり、地下資源や山林資源も豊富だったため、幕府の直轄地となっていた。そのため南会津では、会津藩の令が行き渡らず、昔ながらの火伏せの習俗が現在にまで伝承されたのだ。

このように隣接する地域で同じような習俗が存在していても、政治的、行政的な理由で消滅したり存続したりするケースは日本各地で多々見ることができる。これは近世の幕藩体制が独自の民俗的な習俗を規制し、広域な文化を分断してきた歴史によるものだろう。

最後にひとつだけ。どうしても気になるのが、なぜ火災除けに性器奉納なのかという点だ。

よく茅葺屋根の「妻」のところに「水」や「水神」のシンボルが掲げられているが、そこからの類推では、お小水の出口ゆえアレなのか?などとやや身も蓋もない想像をしてしまうのだけど、どうだろう。

火伏せの様子を今に伝える南会津町前沢伝建地区

女性器の表現としてはリアルな部類だ

Column 2

海で失ったものは神様のもの

失せ物絵馬（宮城県・岩手県の各地）

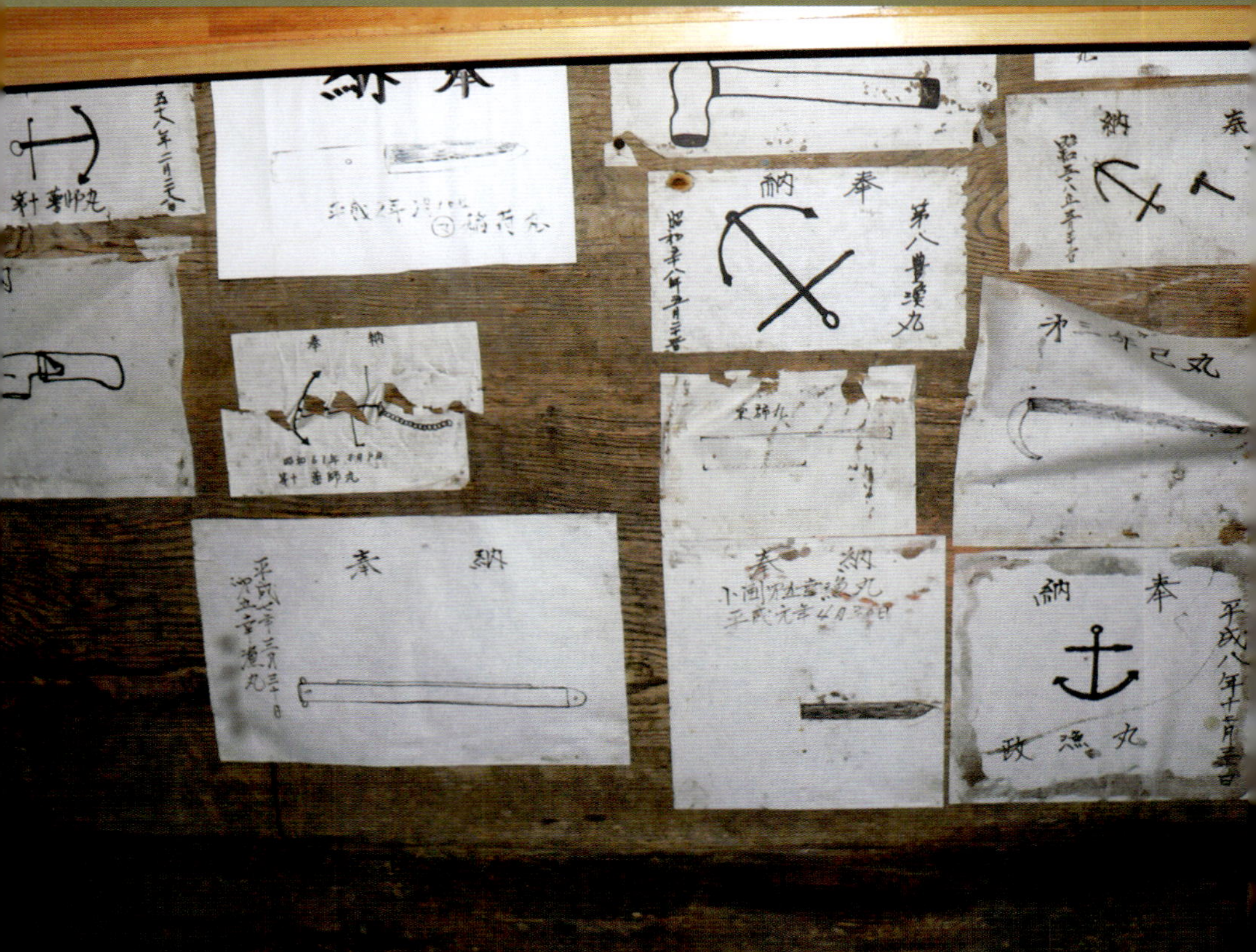

宮城県石巻市、五十鈴神社に奉納された失せ物絵馬。意外と錨（いかり）の絵が多い

日本の民俗信仰は農耕社会を基盤とするものが主流だが、決して一様ではない。たとえば漁労や狩猟の民の場合、活躍するフィールドも獲得する対象も里に住まう農民とは大きく異なる。社会の基盤が異なれば、おのずと世界観も神観念も農耕民とは異なってくるのは当然だろう。

漁師は海という異界に身を置き、日々過酷な自然と向き合っている。ある意味ハイリスクハイリターンな業であり、運と勘が物を言う世界でもある。したがって験《げん》を担ぎ、タブーを畏れる心情はことのほか強く、その信仰世界も独特のものがある。

宮城県と岩手県の太平洋沿岸の三陸地方の海沿いの神社では、不思議な絵が奉納されているのを見かけることがある。多くは白い紙に描かれたもので、錨や釣針の絵が描かれている。これは「失せ物絵馬」と呼ばれ、漁師が操業中に誤って海中に釣具などを落とした場合に奉納する絵馬なのだ。

日本中の漁師に伝わる様々な禁忌《タブー》の中で共通するもののひとつに、金属や光るモノを海に落としてはいけないというのがある。

一説には、光るモノを海の神である龍神が嫌うことから生まれた禁忌らしい。龍神の機嫌を損ねると、不漁になると信じられているのだ。

三陸地方の漁師は、漁で海に金属を落とすと、帰港した際にまずは地元の神社に行き、落したモノの絵と船の名前を記した失せ物絵馬を奉納する習わしがある。これはつまり、海に落としたのではなく、あくまでも神様に奉納したという体《てい》にして龍神の怒りを鎮めるための行為なのだ。

たとえば操業中に刃物を海に落としたとしたら、それは刃物を奉納したのだ、と強弁をし、すぐ神社に刃物の絵を奉納するのである。絵馬はほとんどがペンで描かれており、稚拙ながらもなるべく正確に描こうとする真剣味にあふれている。三陸各地の港の近くには、このような失せ物絵馬を奉納する神社が数多くあり、どこも壁を埋め尽くさんがばかりの絵馬が貼られている。針や刃物、錨《いかり》に混じってスクリューやエンジンなどの絵馬も混ざっている。どうやって船外エンジンを落として帰港できたのか不思議だが、とにもかくにも絵馬を奉納できたのだから帰ってこれたのだろう。

失せ物絵馬を見ていると漁師の信心深さを感じると同時に、船底一枚下は地獄と言われる過酷な環境で生きていく漁の厳しさに想いを馳せざるを得ない。なお、失せ物絵馬が奉納されている神社のほとんどは、東日本大震災で大きな被害を受けた地域である。その社殿自体が壊滅してしまったところも多いと聞く。それでも彼らは漁を続け、今後も失せ物絵馬を奉納し続けていくのだろう。

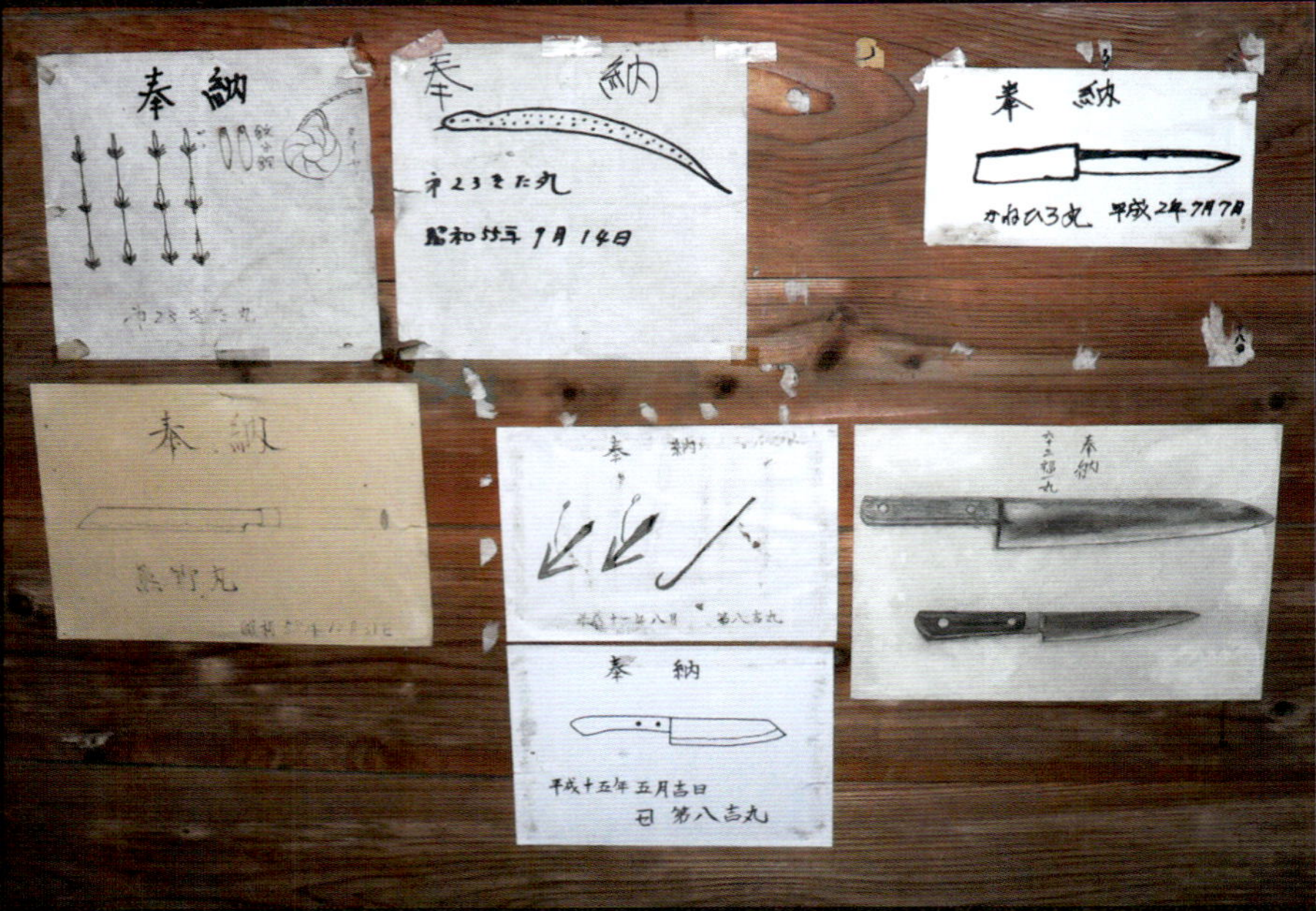

岩手県陸前高田市、金刀比羅神社の失せ物絵馬。リアルな包丁の絵が印象的だった

絵馬が奉納されているのは海に面した高台の神社が多い。震災で被害を受けた神社も多いと聞く

船外エンジンを海に落として無事に帰れたのだろうか？メーカーのカタログから模写した力作

第6章
死者供養の諸相

我々が直面する最も深刻な現象、死。人の死をどう捉えるのか？　それは古今東西の宗教が共通して持つ大きなテーマである。逆にいえば死とは何か、という命題を探す行為が結果的に宗教と呼ばれるものになったとすらいえよう。

たとえば仏教では、六道輪廻という死と生をリンクさせるサイクル式概念を「発明」することで、実に壮大な宗教的世界観を構築することに成功した。ここにおいて仏教は、六道輪廻においてより良い来世への転生と、その輪廻自体からの解脱という二大テーマをその最終目標として設定することができたのだ。

日本では、仏教の死後世界の世界観の影響を受けつつ、死者を弔う、死者の霊を慰める様々な方法が編み出されてきた。その大きな特性としては、人が生きている現世と死後の世界が必ずしも断絶していない、という点が挙げられるだろう。これは中国の宗教思想に影響を受けていると考えられるのだが、要するに死後の世界が驚くほど身近なのだ。

たとえば中国や東南アジアの華僑の世界では、死者供養の供物として、紙でできたニセモノのスマホやパソコンを焚き上げる。これは死んだ人にあの世で使ってもらうために奉納するのだが、あの世にスマホを持たせるマインドにまず驚いてしまう。死後の世界にもWi-Fiなどがある設定なのだ。

彼らにとって死出の旅とは、隣の国に行く感覚に近いのかもしれない。世界中どこへ行っても中華街を形成し、強固なネットワークを構築するのが得意な華人らしい考え方といえようか。

この章では、日本全国で行われている死者供養にまつわる様々な奉納を見ることで、日本の死生観、他界観を照射してみよう。そこから見えてくるのは、単なる六道輪廻の世界だけに収まらない日本独自の死への捉え方であろう、との予見の元に。

死者の赴《おもむ》く山で展開される追悼の流儀

岩船山《いわふねさん》（栃木県栃木市）

死者供養に関して思いを馳せたとき、真っ先に思い浮かぶのが、栃木県にある岩船山で見た光景だ。

岩船山は古くから岩船石の採石場として有名で、今でも採石による切り立った崖や露出した岩肌が見られる。近年ではその特異な風景から戦隊ヒーローものの爆発シーンの撮影地としても知られている。

そんな岩船山は日本三大霊場という顔も持っている。この地域では「人は死んだらその魂は岩船山に行く」と考えられている。後述するが、死者の霊が集まる山というのは日本各地に存在しており、ここもそのひとつなのだ。

岩壁に立てかけられた無数の卒塔婆。関東各地から卒塔婆を奉納しに大勢の人々がこの山にやって来る。無秩序に並ぶ卒塔婆はまるで三途の川が氾濫して流れ着いた流木のようだ

ワイルドな山容だが、山頂にある高《こう》勝《しょう》寺《じ》境内はひっそりと静かな雰囲気だ。しかし、本堂の脇に足を運ぶとその異様な光景に誰もが目を見張ることになる。そこには、数えきれないほどの卒塔婆《そとば》が立てかけてあるのだ。

金属製の卒塔婆立てに数百本は収まっているが、そんなものはほんの一握り。ほとんどは山肌に直接立てかけてある。おたがい競い合うように卒塔婆が林立する様は、まるで鉱物の結晶の生成過程を見ているようですらある。

この地方では死者が出ると、その遺族は、死者の魂が行くとされる岩船山に卒塔婆を奉納する習わしになっている。信仰圏は思いのほか広く、栃木県のみならず埼玉、群馬、茨城各県から訪れる参拝者も少なくない。

奉納の時期は、亡くなってから最初の彼岸。なるべく高いところに卒塔婆を奉納したほうが良いとされているようで、わずかな岩の出っ張りに無理矢

理卒塔婆を引っ掛け、他の卒塔婆よりも少しでも上にセットしようとするあたりが何とも涙ぐましい。

一方、卒塔婆の海に隠れるように数多くの石像が点在しているが、こちらも凄いことになっている。

石像の大半は観音像だが、それらに洋服が着せられているのだ。石像に衣類を着せるといえば、思い浮かぶのはせいぜい地蔵菩薩像の前掛けや帽子程度だが、ここの観音像はYシャツの上にコートを重ね着したり、マフラーや帽子まで装着させるなど、かなり手が込んでいる。静かな山の中でシャツ、上着、ズボン、ネクタイ、手袋、靴などがフル装備されている石像を見かけると本当の人間が座り込んでいるようで、思わず腰を抜かしそうになる。小さな石像にこれでもか、とばかりに過剰に衣類を着せるのは、あの世で寒い思いをしないようにという気遣いなのだろう。

ここでは、数多くの観音像の中から亡くなった人の面影に似た像を探して衣類を奉納するのが流儀なのだという。本堂の天井にもいくつもの着物が吊るされていたが、これは思い当たる像が見当たらなかった遺族が残していったものだろうか。

いずれも家族を失った人の悲しさ、無念さを思わせてやまない光景である。部外者にとっては異様そのものに映るが、この世ならぬ死者の赴く山であれば、これも当たり前の光景なのかもしれない。

境内の観音像の多くは参拝者によって服を着せられている。ご丁寧にシャツの上にコートまで着せてある。手前にはジーンズも供えてあった

水子地蔵にTシャツを着せている光景はたまに見かけるが、ここの特徴は厚着だということ。あの世に行っても寒くないように、という気遣いなのだろう

ゴージャスにしてワイルドすぎる盆行事

長洲《ながす》の精霊《しょうろう》送り（大分県宇佐《うさ》市）

日本において、死者と生者の距離が最も近くなる時期はお盆である。もともと仏教の盂蘭盆会《うらぼんえ》に起因する行事だが、一般的には死んだ祖先が家に帰ってくると認識されている日である。中国の清明祭、メキシコの死者の日、そしてハロウィンなど世界各地で似たような行事は見ることができるので、日本独自の特別な行事とはいえないが、それでも我が国の祖霊信仰の強さが存分に発揮される行事であることは間違いない。

通常、お盆になると仏壇の前に盆棚を作り、墓参りに行き、祖霊を迎え入れ、数日ののち祖霊を送り返す。普通は静かな印象だが、その一方でとんでもないお盆を過ごす地域もある。

大分県宇佐市。八幡宮の総本宮である宇佐神宮がある町として有名だ。市の中心を流れる駅館川《やっかんがわ》の河口付近に長洲という集落がある。ここで行われる長洲の精霊送りという祭りは、御殿灯《ごでんとう》籠《ろう》と呼ばれるど派手な祭壇が街中を練り歩く日本屈指のワイルドな盆行事である。

お盆の送りとなる8月15日、長洲の町は昼頃から何となくソワソワし始める。その年に家人が亡くなった家、つまり新盆の家にしつらえられた御殿灯籠と呼ばれる祭壇が、各家庭の仏間や居間から外に運び出されるのだ。この御殿灯籠、木のフレームで作られており、背後の山を従えて数多くの寺の堂《どう》宇《う》がジオラマ状に並んでいて、極楽浄土の様子を表している。

以前はそれぞれの家で小枝や小石などを拾い集めてオリジナルの御殿灯籠を作っていたようだが、最近は専門の御殿灯籠ビルダーに外注しているよう

新仏を送るための御殿灯籠。家から出して親戚一同で記念撮影をした後、街中を練り歩くのである。こんな豪華絢爛な御殿灯籠が数時間後にあんなことになるとは……

で、どこの家も同じような形の御殿灯籠が増えたそうだ。それでも細かい細工を駆使した五重塔や東照宮の陽明門、法隆寺の夢殿《ゆめどの》のような建築が軒を連ねる様は、祇園山笠《ぎおんやまかさ》をはじめとする九州の〝つくりものの文化〟が息づいている土地柄だなあと感心させられる。長洲の人達にとって新盆とは、新しい仏様が家に帰ってくるといったことよりも、とにかく立派な御殿灯籠を作るのが主題になってしまっている感さえある。昔から「借金してでもいい御殿灯籠を出せ」と言われているらしいから致し方あるまい。

　午後になると、各々《おのおの》の家から表に出された御殿灯籠に竹竿を刺し神輿のような状態にして、親戚縁者が担いで街を練り歩く。その様はさしずめ極楽浄土の見本市のようだ。一見同じような御殿灯籠に見えても、お堂の軒下が電飾されていたり、扇風機のモーターを改造して水が落ちる滝を作ってあったり、御殿に遺影を掲げたり、と細やかなオリジナリティを主張していて、いくら観ていても飽きることがない。立派な御殿灯籠を担ぎ街中を練り歩く一行の姿は、どこか誇らしげだ。

　一行の中には謡いのおじさんがいて、お囃子《はやし》のようなリズムに合わせて盆口《ぼんく》説《ど》きという御詠歌《ごえいか》のようなお経のような不思議な歌を謡っているのだ。その陽気なリズムと渋いダミ声と派手な御殿灯籠と灼熱の太陽が混然一体となって、町は得も言われぬグルーヴ感に包まれていく。

　謡いのおじさんが先達となって一種異様な盛り上がりを見せる一行は、徐々に海沿いの墓地に向かっていく。各々の墓に到着した一行は、墓前で御殿灯籠を降ろす。やれやれこれで終わったのか、と思ったのもつかの間、担ぎ手の皆さんがおもむろにバットを持ち、何と御殿灯籠に向かってフルスイングし始めた。精緻を極めた御殿灯籠は勿論ギッタギタのボッコボコ。ええ〜っ。壊すんだったら一個くらい私にくださいよ〜、と思う間もなくあっという間に瓦礫の山と化してしまった。

　さらにそこに火をくべているではないか。あっという間に火が回り、真っ黒い煙が巻き起こる。見れば墓地のあちこちから狼煙《のろし》のように真っ黒い煙が上がっていた。こうして、各々の新盆の仏様を炎に乗せてあの世に送り返すのであった。

　始めから終わりまでワイルド過ぎるこの精霊送り、決してルールを無視したエキセントリックなだけの祭りではないのだ。たとえば、ど派手な御殿は盆棚（霊棚）が進化したものだし、爆竹や花火は盆灯籠の一種だし、謡いは盆踊りの原形とも考えられるし、豪快過ぎる焚き上げは送り火だし。

　そう考えればまったく異質な盆行事ではなく、ひとつひとつの行いは盆行事としては決して間違ってはいないの

海沿いの墓地に到着した御殿灯籠は見事に壊され火が放たれる。灼熱の陽光の下、繰り広げられる狂気の光景だ。広大な墓地のあちこちでは黒煙が上がっている。ダイオキシンたっぷりの黒煙に乗って新仏はあの世に帰っていくのだ。煙かろうな

だ。ただし、そのひとつひとつに九州男児魂が込められ過ぎているがゆえに、全体として普通ではない盆行事になってしまっているのだ。要するに、最高！ということです。

新仏《あらぼとけ》のためにお札を貼って回るフシギな習俗

四十九堂（千葉県北東部）

はじめは偶然だった。千葉県の片田舎をドライブしていたとき、道端の墓地の小堂にたくさんの細長い紙が貼ってあるのを見かけたのだ。一瞬なんだろう？と思ったものの、さらに車を走らせていると、次に現れた墓地にも、その次に現れたお堂にも小さな紙がたくさん貼ってあったのだ。そのただならぬ雰囲気に思わず車を停め、その紙を近くで見てみた。そこには「奉納四十九堂」とあり、その下には亡くなった人の戒名が書かれていた。

その無言の戒名の群れの迫力に圧倒された。何なんだこれは。まるでジャパニーズホラー映画か寺山修司の映画のワンシーンのようではないか。これはこの地域に伝わる何かの呪《まじな》いに違いない。そう思い、「四十九堂」というワードを手掛かりに調べてみた。

どうやら千葉県の北東部、匝瑳《そうさ》市、香取《かとり》市、旭《あさひ》市辺りで行われている追善供養の習俗らしい。この地方では新仏が出ると、近所のお堂にこの戒名が書かれた札を貼って回るのだという。これを「お堂参り」といい、それぞれの地区や寺によって多少の差はあるのだが、葬儀の翌日か初七日、あるいは四十九日の間に、家族が近所の不動明王にお札を貼っていくのだという。

札は寺から葬儀の後に授けられる。中には同じ戒名の書かれた紙が大量に貼られているお堂もあるが、これは忙しい人などが一ヶ所にまとめて貼っていってしまうからだそうだ。

なぜ不動明王なのかといえば、おそらく「十三仏の信仰」に基づくものだろう。つまり、亡者は死後七日ごとに七回冥府の審判を仰ぐことになっており、それぞれの回ごとに担当するホトケが決まっている。そのうち、初七日の審理をつかさどるのが不動明王とされているのだ。

とはいえ、現在では葬儀を出すだけでも大変なのに、その翌日や翌週に複数の、しかも自分たちの菩提寺《ぼだいじ》や墓ではない寺院やお堂や墓地に出向いて札を貼っていく行為には、一体何の意味があるのだろうか。

もちろん、あの世に旅だった故人のために地域各所の不動様に挨拶回りをするという意味合いなのだろうが、一方で、残された家族の連帯感を深める機会になっているのかもしれない。というのも、この取材をしているときにお堂参りをしている家族に何組も出会ったのだが、どの家族もみな葬式直後と

お堂の正面にびっしり貼られた札。古いものは自然に剥がれていくのだろう。その痕跡が生々しい

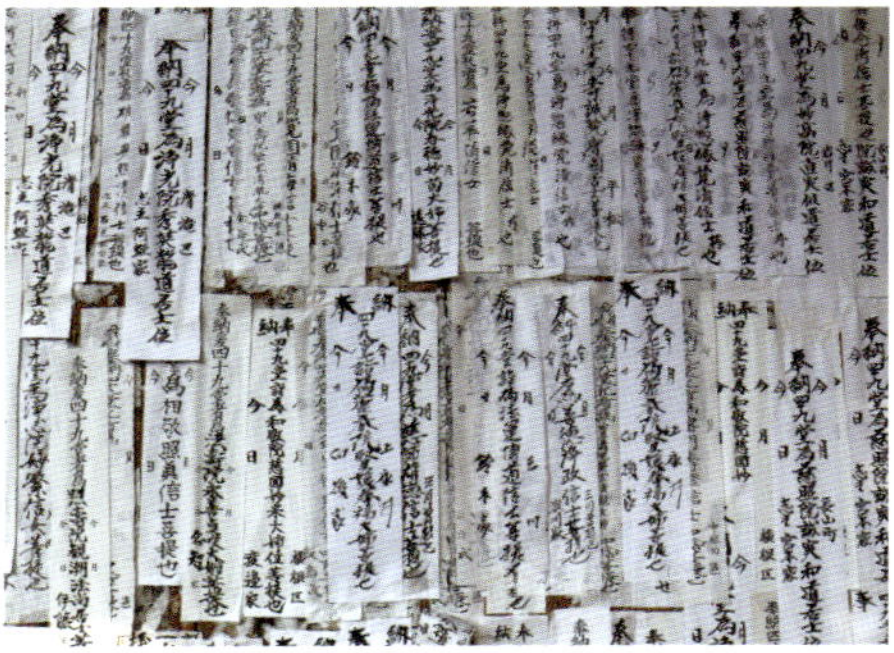

有名な寺院や大きい寺院には大勢の人が訪れるため新しい札が常に上へ上へと貼られていくのだ

香取市の西音寺。参道の六地蔵にも札が貼られていた

は思えないほど和気あいあいとしていたのだ。

「この寺には昔来たことがある」「近所にこんな大きな寺があるとは知らなかった」などと、ピクニックに来たかのようにはしゃいでいる様子を見ると、現代人の目からは面倒で非効率的に思える伝統行事も、案外理屈では説明できない、目に見えない効用があるのだろうなと思えてきたのだ。

亡くなって間もない霊魂が留まる「モリ」

モリ供養（山形県鶴岡市）

人は死んだらどこへ行くのか？という宗教的な大命題は、同時に、死とは何か、あるいは人間に魂はあるのか、というようにどんどん話が取り留めもなくなってしまいがちだ。荒ぶる魂《みたま》が和やかな魂へと変容してくことで、死者は故人から先祖へと昇華していく。

モリ供養の案内版。普段は人が入らない山だがこの日ばかりは大勢の人々が供物を持って山に入る。麓には臨時の売店も出て、花や供物を販売している

そのプロセスを最も具体的かつ明確に示しているのが奥羽地方のハヤマ信仰ではなかろうか。

人は死んだら山に行く。しかもいきなり高い山に直行するのではなく、四十九日までは家の周辺にいて、一周忌までは近所の低山であるハヤマ、もう少し経つと徐々に高い山々を経由して最後は月山《がっさん》の山頂に行き、ホトケ（故人）からカミ（先祖）になる、と考えられているのだ。そのハヤマ信仰を如実に体現しているのが、鶴岡市の郊外にある三森山《みつもりやま》のモリ供養である。

標高121メートルのこの低山には、死んで間もない死者の霊が集まるといわれている。モリとは森の意であり、亡霊の意でもある。モリ供養自体は庄内全体では数十ヶ所で行われているが、中でも三森山のモリ供養は規模が大きい。

普段は入ってはいけないと言われている三森山だが、8月22、23日の2日

山中のそれぞれのお堂では思い思いの供物を持ち寄り、供養が行われている。決して楽な山道ではないものの、思いのほか高齢者の参拝者が多くて驚く

間だけは大勢の人が押し寄せる。これはこのモリに留まっている霊魂、つまり亡くなって比較的日の浅い故人を供養するために遺族がやって来るからだ。

　山中には優婆堂《うばどう》、閻魔《えんま》堂、大日堂、観音堂、地蔵堂、仲堂、阿弥陀《あみだ》堂が点在し、それぞれのお堂で供養が行われている。各堂ではそれぞれ供物を供え、故人の冥福を祈っている。死者は死んでも決してすぐに遠いところに行かない。その根源には、時間をかけて身近な人の死というショッキングな事実を段階的に薄めていくという思考があるのだな、と感じた。

　いきなり遠いところに行ってしまうのではなく、段階を踏んで徐々に少しずつ遠くに遠くに移動させることで、遺族の悲しみを和らげていく。それは故人を先祖に昇華させる、という社会的な意味合いと同時に、遺族を癒すために編み出されたプロセスなのかもしれない。

本堂の天井に掛けられた亡者の衣服

道明《みちあ》け供養(三重県松阪市)

わしが死んだら　朝田《あさだ》の地蔵に　かけておくれよ　振り袖を

元禄の頃の歌である。この歌にある朝田の地蔵とは、三重県松阪市にある朝田寺《ちょうでんじ》のことだ。この寺では古くから死者の着物を奉納する慣わしが伝わっている。朝田寺は「朝田の地蔵さん」と呼ばれており、本尊の地蔵菩薩は平安時代の作で、日本でも極めて初期に造られたものだ。その地蔵に死者を導いてくれるように祈願す

天井から下がった故人の着物。色とりどりの着物が並ぶ様は東北地方の霊場を思い起こさせる光景だ

天井がかさ上げされたので。吊り下げられた着物にぶつかることはない。天井には全面にフックが付けられている。住職の話では「まだまだこんなもんじゃない」そうだ

る事を道明け供養という。

新しくホトケが出た家では葬式の翌日、家人が亡くなった人の着物を持って朝田寺を訪れる。そして地蔵菩薩の前で回向《えこう》をし、その着物を本堂の天井から吊るして奉納するのである。

朝田寺の本堂に入ってみると、大量の着物が天井からぶら下がっていて圧倒される。これらはみな死んだ人が愛用していたもので、掛衣《かけえ》と呼ばれている。掛衣は着物だけではなく、洋服も多く奉納されている。幼い子供用の服も多い。

掛衣にはリボンやハンカチが結ばれているものも多いが、これは次に参拝に来た時に自分の奉納した掛衣を簡単に見つけられるようにするための目印だ。それだけ大量の掛衣が奉納されるのである。見れば天井全面にフックが付いているではないか。これらの着物や服は、夏の地蔵盆が終わった後に焚き上げられる。住職の話では、地蔵盆の直前になると本堂の天井が掛衣で埋め尽くされるそうである。

死者の供養のために衣類を奉納する習俗として、本章の最初に岩船山の例を挙げたが、どちらも死者があの世で寒くないように、とか侘びしくないようにとの思いから奉納するものだ。そこには仏教の唱える死後の世界とはまた別の、日本独自の死後世界の風景が広がっている。

ちなみに未婚で亡くなった女性には花嫁衣装を掛けるそうだ。つまり冒頭の歌で振り袖を掛けてくれと歌っているのは、歌い手が未婚の女性であることを暗示しているのだ。

この道明け供養、いつ頃から始まったのは定かではないが、慶安5年（1652）に建立された現在の本堂を安永7年（1778）に増築している。その際に本堂全体をかさ上げしている。現在、本堂の天井は二重折り上げ格天《ごうてん》井《じょう》になっているが、おそらく掛衣の奉納が増えてきたので増築の際に天井をかさ上げしたのではないだろうか。とすれば、掛衣の習俗が始まった、あるいはブレイクしたのは本堂を建立してから増築した間の時期なのではないか、と推察できる。冒頭の歌も、慶安と安永の間である元禄期に詠まれている。

国指定重要文化財に指定された地蔵菩薩と、人々が持ち寄る大量の着物。一見アンバランスに思える組み合わせだが、道明け供養という習俗が現代でも実効性をもって信じられている何よりの証拠なのだ。

天上へと向かう卒塔婆の摩天楼

朝熊山《あさまやま》（三重県伊勢市）

三重県伊勢市の朝熊山にある金剛《こんごう》證寺《しょうじ》は、伊勢神宮の鬼門を守る寺として知られる。江戸時代後期の伊勢参りブームの頃には「お伊勢参らば朝熊

金剛證寺奥の院に並ぶ巨大卒塔婆の群れ。一本一本が隙間なく並んでいるので壁のようになっている。これが延々と続くのだ。さしずめ死者の街にそびえる摩天楼のごとし

をかけよ、朝熊かけねば片参り」と歌われ、お伊勢参りとセットで参拝されることが多かった寺だ。そしてこの朝熊山もまた、死者の行く山とされている。

金剛證寺の奥の院へ行くと、そのスケール感にしばし呆然とする。巨大な卒塔婆《そとば》が隙間なく連なって延々と並んでいるのだ。卒塔婆といってもその辺の墓地に刺さっている板状のものではなく、立派な角柱状の卒塔婆で、大きいものになると高さ7〜8メートルにもなる。それらが隙間なく並んでいる様は、もはや卒塔婆ではなく、巨大な壁である。聞けば1万柱はあるとの事。

卒塔婆には個人の戒名や奉納者の氏名が書かれている。巨大な卒塔婆の場合、奉納者の名前は複数書かれている場合が多い。これは親戚縁者などで費用を分担するからである。

この卒塔婆奉納の流れを説明しよう。朝熊山の麓である伊勢志摩地方では、新仏《あらぼとけ》を出した家は葬儀の翌日、この朝熊山に登る。かつては徒歩で登って一泊したようだが、今では伊勢志摩スカイラインを使って車で訪れるのが一般的だ。

そして奥の院で卒塔婆を注文し、売店で樒《しきみ》（仏前に捧げられるモクレン科の常緑樹）を買い、帰宅後墓に添える。これをシアゲと言って、一連の葬儀の行事が全部終わったとみなされる。この朝熊山への参拝をタケマイリという（「タケ（岳）」とは朝熊山のこと）。

地域によってはタケマイリは葬儀の翌日ではなく、数日後だったり、6月の開山忌だったり、お盆だったりする。いずれにせよタケマイリを済ませることで葬儀は完了し、死者の魂を無事に朝熊山に届けたとされるのだ。

奉納された卒塔婆は7回忌くらいまではそのまま建てられているが、その後は撤去されてしまう。したがって巨大な柱のような卒塔婆は色褪せることはあっても腐ったり倒れたりすることはない。天に向かって伸びていくような卒塔婆の群れは、山に集った死者の霊を天上に届けるためのアンテナ、あるいは高射砲のようなものなのかもしれない。

奉納された卒塔婆には、家族が故人のゆかりの品を供えていくこともある（原則禁止とされているが）。故人が生前使っていた杖や眼鏡、帽子、ネクタイなどが卒塔婆に結び付けられている。いくら巨大な卒塔婆とはいえ、幅はせいぜい十数センチ。その狭い幅に収まる品を奉納するのだ。たった十数センチの幅に込められた家族の想い。その想いが連続してできあがっている卒塔婆の摩天楼に、この習俗の規模の大きさと故人への想いの強さをズシリと感じざるを得ない。

ここで気になるのは、朝熊山のタケマイリと、前項で紹介した道明《みちあ》け供養との関係だ。聞けば、かつて朝熊山の奥の院にも故人の着物を納めていたというし、朝田寺《ちょうでんじ》周辺の寺でも掛衣《かけえ》の習俗は多く存在していたという。つまり朝田寺の道明け供養と朝熊山のタケマイリは、ともに相通じる供養習俗だったのではなかろうか。

その証拠に、朝田寺と朝熊山のちょうど中間地点にある伊勢市小俣町《おばたちょう》では葬式の翌日、朝田寺と朝熊山の両方に親類が手分けして参るのだという。

このようなダイレクトな死者供養の方法は東日本、特に東北地方に見られる現象だが、それ以外の地域では珍しい。そんな数少ない供養習俗が隣接する伊勢と松阪に残されている事実は実に興味深い。

大霊場に奉納される知られざるモノたち

恐山（青森県むつ市）

恐山、それは死者の魂が行くとされる場所、そして大祭でのイタコの口寄せで名高い霊場である。青森県下北《しもきた》半島の中央部に位置し、周囲を深い森林に囲まれた宇曽利山《うそりやま》湖の湖畔に広がる一大霊場には、あちこちから亜硫酸ガスや水蒸気が噴出し、硫黄の臭いが充満し、まさに死後の世界を彷彿とさせる景観を呈している。この恐山こそが、我々日本人がイメージする死後の世界の具体的なランドスケープなのかもしれない。

もともと慈覚大師円仁《じかくだいしえんにん》が開山した東国でも有数の古い歴史を持つ霊場だが、筆者の記憶では1970年代のオカルトブームの頃に、恐山の存在は一気に全国区的存在になったという感がある。「恐山＝心霊スポット」という図式が確立したのもこの時期だったのではないだろうか。

しかし、メディアでのブームで形成されたイメージを一旦取り除いてみると、この霊場は驚くほど多彩で豊かな、下北地方の現在進行形の民間信仰の姿を見せてくれるのだ。

主に参拝者が思い思いに寄せた奉納物を手掛かりに、ローカルな霊場としての恐山の姿に着目してみたい。

恐山の奉納物といえば、何といっても色鮮やかな風車である。ある意味恐山を象徴するアイテムであり、ひいては北東北の死者供養を象徴する存在ともなっている。

それ以外にも恐山を象徴する奉納物として、巨大な卒塔婆がある。明治時代や大正時代の恐山の写真を見る限り、境内に奉納されているのは卒塔婆だけのようである。風車や草鞋などの奉納物はその後に奉納されるようになったと考えられる。

そんな中あまり話題に上ることはないが、気になる奉納物がいくつかあるので紹介したい。

まずは手拭い。ガスが吹き、黄色や黄緑色のケミカルな色の水たまりのあ

恐山の賽の河原。草木も生えない不毛の地の合間合間には地蔵が立ち、たくさんの風車が寂しげに回っている。そこを歩く人達も最早この世の人ではないように見えてくる

全国的にはイタコの口寄せの印象が強い恐山だが、霊場の奥には手拭いや草鞋を木々に結び付けた一画などもあり、多彩な民間信仰の場としての一面もある

霊場内の小高い丘の上にある延命地蔵尊。足元の瓦礫をよく見ると大量の小さな地蔵が混ざっていて油断ならない

る賽《さい》の河原を抜け、恐山霊場の最深部にそれはある。ここまでは亜硫酸ガスが吹き、植物のない世界だったが、その影響が薄れようやく木々が生い茂る場所にたどり着くと、そこには死者供養のために奉納された大量の手拭いが木の枝に結び付けられているのだ。

手拭いには故人の名前や死亡年月日などが書かれている。それまでの噴煙や積み石、風車が並ぶ、いわゆる一般

たくさんの表札奉納の一画には日本赤十字社の特別社員の表札もまとめて置かれてあった。恐山と赤十字の組み合わせというのもどことなく不釣り合いな感はあるが、奉納者にとってはごく普通の感覚なのだろう

亡くなった人の名前が記された表札ですらも無下に処分できず恐山に持ってきて供養する。この辺の何でも供養したがる姿勢に東北地方の死者供養の本質を強く感じる

的に思い浮かぶ恐山の光景と違い、この奉納はかなり具体的かつ個人的な印象がある。

　次に地蔵像。境内のやや小高い丘の上に延命地蔵が立っている。その足元には瓦礫のような小石が堆積しているのだが、よく見るとその瓦礫の中に大量の小さな地蔵菩薩像が混ざっているのだ。最初気付かずに歩いていたのだが、足元を見たら5～6センチ程の小さなお像だった。思わず踏んでしまうところだった。それほど小さく、かつ大量に奉納されているのだ。

　さらに不思議なのは、草むらに置かれた表札。おそらく、亡くなった主人の名前の入った表札を奉納したと考えられる。たかが表札といえども、故人の名前が刻まれていればそれは墓石も同然、何らかの供養をせねば、と考えた人がいたのだろう。

　そしてひとり奉納すれば、ひとりまたひとりと表札を奉納する人が続く。気が付けば恐山の一画に表札だらけの丘が出現してしまった、という塩梅なのだ。

　この、表札といえども無下にできないマインドが、東北地方の死者供養の本質のように思える。

　死者にまつわるすべてのものを供養の対象とする。それは故人の遺影だったり、位牌だったり、着物だったり。

　つまり人が死んでもどこか遠くの世界に行ってしまうのではなく、自分の家に近い場所に留まって、徐々に時間をかけて遠いところに移動していくという死生観を如実に反映しているように思えるのだ。

　だから亡くなったばかりの故人には着物を奉納しなければならないし、幼い子には風車や人形を、死出の旅路に向かう霊には手拭いや草鞋を奉納するのだ。きっと。

亡くなった幼子を悼む思いが現出させる風景

賽《さい》の河原（新潟県佐渡市）

佐渡島。金山、流刑地など様々な顔を持つ多面的な島だ。その北端近くに願《ねがい》という集落があり、そこから海岸沿いに歩いていくと小さな海蝕洞窟がある。そこは古くから賽の河原と呼ばれ、あの世とこの世の境とされてきた。

洞窟の中には大小合わせて数百体の地蔵像が並び、洞窟の前の海岸にはたくさん石が積まれている。

賽の河原は幼い子が死ぬと行く場所とされている。その子供が父恋し母恋しと石を積んでいると、鬼が現れてその石積みを崩していくといい、そんな子供を憐れみ救うのが地蔵菩薩であるという。だから幼子の供養のために地蔵尊が祀られるのである。

この洞窟に地蔵像を奉納したのはおそらく子を亡くした親だ。その不安定な生命を失った悲しみは大人の死よりも重く辛いものだろう。それだけに親は亡き子が救済されるようただただ地蔵菩薩にすがるしかない。地蔵の足元には亡き子に届けようと玩具や人形が奉納されていて、少しでも亡き子に近い場所に奉納したいという願いからか、洞窟の一番奥にも多くの人形が奉納されていた。

誰もいない暗い洞窟から外を眺めると、そこには鉛色の海が見える。一見グロテスクに思える洞窟だが、民間信仰、特に死にまつわる信仰の場には往々にしてこのような光景が出現しやすい。そして、想いが強ければ強いほどひとつひとつの奉納物の意味合いが重くなり、総体として密度と総量の濃い風景を出現させる。ランドスケープとしては極めて異質だが、その光景を構成する奉納習俗は実に純粋な感情の発露なのだ。

言い換えれば、真剣に拝めば拝むほど、願えば願うほど、本来パブリックである空間にパーソナルな奉納物が増えていき、その関係性は曖昧となり、ときにパーソナルがパブリックを逆転する。そんな光景にこそ、我々は違和感を感じつつも感銘を受けるのではなかろうか。

洞窟の前の海岸にはたくさんの石が積まれている。目の前は日本海。その向こうには景勝地の二ツ亀が見える

さして深くない洞窟だが、内部は濃密な死の空気に満ちている。たくさんの地蔵、人形や玩具、風車、千羽鶴…それらが混然一体となって見る者に迫って来る

フジツボか何かと思っていたら岩に張り付いているのは小さな地蔵だった。気が付いて周りを見回してみたら周囲の岩にもたくさんのミニ地蔵が供えられていた

Column 3

死者のお宅に供える札束とベンツ

普度勝会《ふどしょうえ》（京都府宇治《うじ》市）

豪華な家とベンツ。先祖が死後の世界でも不自由なく暮らせるようにありとあらゆるモノを紙で作って奉納する

宇治にある萬福寺《まんぷくじ》は、黄檗宗《おうばくしゅう》の総本山である。

黄檗宗とは禅宗の一派で、1654年に明《みん》から来日した隠元《いんげん》によって開かれた宗派である。同じ禅宗の臨済宗や曹洞宗といった鎌倉仏教のそれとは異なり、鎖国の江戸時代に明の仏教文化が直接やってきたことのインパクトはことのほか大きく、建築、彫刻、絵画、料理に至るまで、明の最先端の文化はまさに江戸時代前期の日本を席巻した。東京の五百羅漢寺《ごひゃくらかんじ》の羅漢堂やさざえ堂、岐阜大仏のある正法寺《しょうほうじ》など、江戸期の珍仏堂の多くがこの黄檗宗の寺であったことは偶然ではあるまい。

その隠元が1661年に開いたのが萬福寺である。明朝様式そのままの仏像や建築様式で、「山門を出れば日本ぞ茶摘唄」という歌が詠まれたように、寺の敷地内は、当時の中国がそのままやってきたかのような寺院であったことだろう。

そんな萬福寺で執り行われる「普度《ふど》勝会《しょうえ》」と呼ばれる行事は、中国の死者供養と死生観を如実に見ることができる。

普度勝会は別名「中国盆」とも呼ばれ、ここ萬福寺と神戸、長崎の中華街などで行われていて、いずこも「金山銀山」と呼ばれる金銀財宝のオブジェを供え、最後には燃やしてあの世に届ける行事なのだが、ここ萬福寺での供え物はそれだけではない。

一番目につくのが、本堂である大雄宝殿の前に並べられた真っ赤な家の模型。この赤い建物模型は「冥宅《めいたく》」と呼ばれ、亡くなった人があの世で衣食住に困らないように遺族が奉納するものだ。

その冥宅の中には、果物や菓子の他に紙で作られた自動車やテレビなども供えられている。しかも車はベンツ、テレビはソニー、とブランド名まで指定されているあたりに華人精神が垣間見える。もちろん、あの世で使う冥銭の札束もどっさり積み上げられている。

この冥宅や冥銭は、日本では萬福寺などでしか見る機会はないが、実は中国や東南アジアなどの中華圏に行くとよく目にする。豪華な家はもちろん、車やクルーザーといった大型の供え物や食べ物、酒、シャツなど、細々とした生活用品などもすべて紙で作り、あの世に送り届けるのだ。最近ではパソ

大雄宝殿前にずらりと並んだ冥宅。赤を基調としたにぎやかな色使いのものばかり

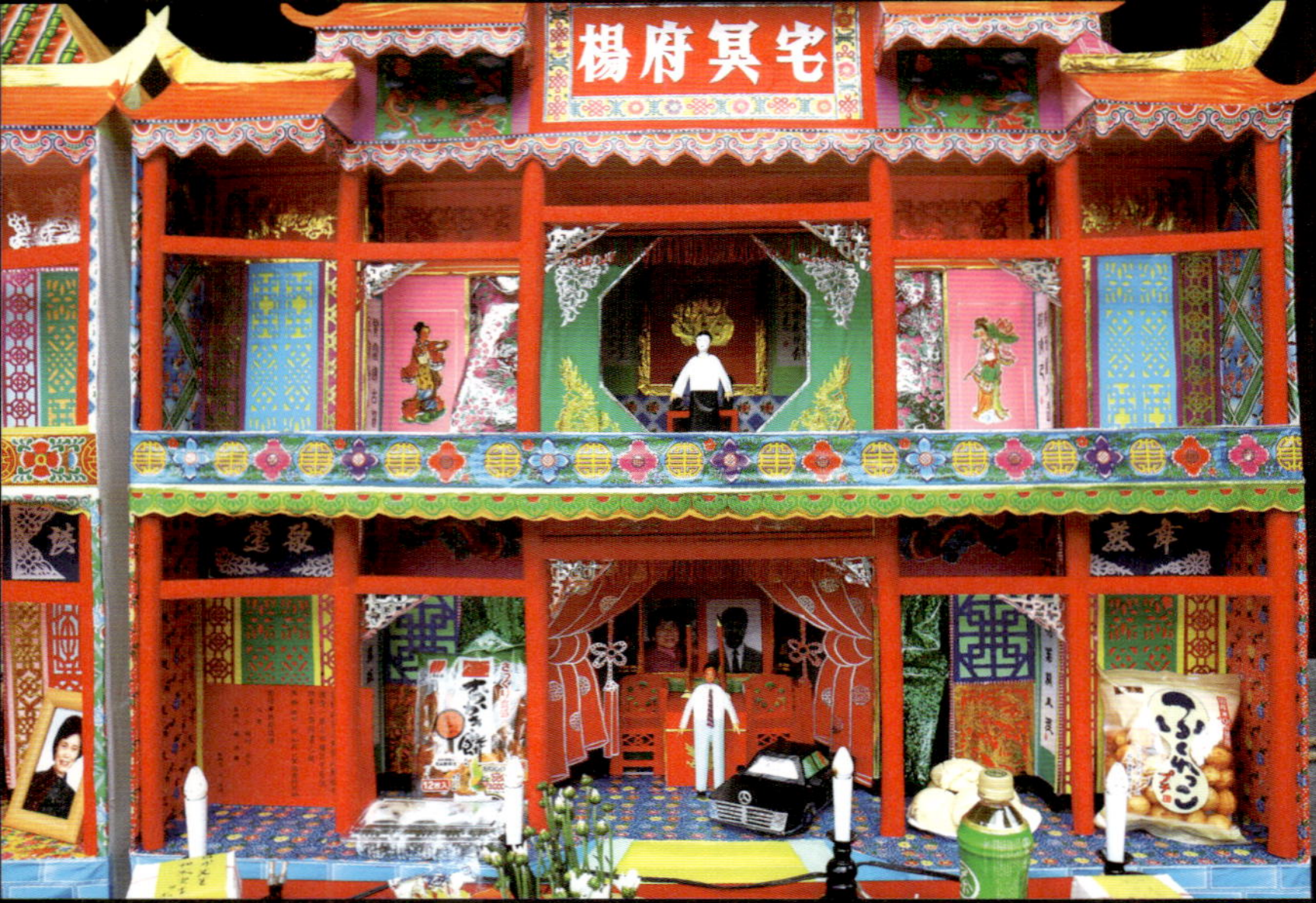

二階建ての豪華な冥宅。二階部には大型液晶テレビが置かれている。ブランド名は SONY!

華人の考えるあの世は徹底してリアルだ。あの世で使う札束が山となって供えられている。冥宅の契約書まであるのだ

コン、スマホまで登場している。

この華人のリアル過ぎる死後の世界の捉え方は、日本人からするとある意味驚きである。

日本人の死後の世界はどうしてもぼんやりとした夢現《ゆめうつつ》の世界をイメージしがちだが、彼らはまるで隣の国に旅行に行くがごとく、札束とスマホを携え、ベンツで乗り込んでいくのだ。と、つい即物的というか俗物的な面ばかりに目が行くが、華人の隠宅（墓）風水などの発想によれば、先祖供養の良し悪しは子孫の栄枯盛衰に直結することになっており、ここで手を抜くわけにはいかないのだろう。

ふと冥宅の脇を見ると、そこには冥宅の契約書まで掲げてあった。死んでも高級車を乗り回し、札束を見せつけ、住宅に契約を交わす生活……ともあれ、地獄の沙汰も金次第とはよく言ったものである。

第7章
あの世への想像力

前章では死にまつわる奉納習俗の諸相を紹介したが、本章ではさらに死後の世界への想像力に絞って考えてみたい。

当然だが、死とは生が終了したあとの出来事だ。しかし単に生きている人間の機能が停止した状態を指すだけでなく、死後の世界を創造することで、死というものを生と対をなす概念へと昇格させた。死後の世界がどんなところかという想像力をもつことで、死を絶望から希望に変換していったのだ。そのことによって人々は死への恐怖を克服しようとしたのである。

仏教では主に、人は死ぬと天道、人間道、修羅道、畜生道、餓鬼道、地獄道の六道のいずれかに行くとされている。仏教の教えではその輪廻から解脱することが最大の目的なのだが、日本の場合、古くからこの考えはあまり徹底されていないように思える。

前章で紹介したとおり、日本ではむしろ家の近くや近所の山といった草葉の陰に霊魂が漂泊しているというイメージのほうがしっくりくるように思える。特に東北地方にはその傾向が顕著だ。おそらく仏教が本格的に伝播する以前から山中他界的な死生観がすでに確立されていたであろう東北地方では、仏教とは相容れない死後の世界観が色濃く残ったのかもしれない。

「理想の死後世界」を描き奉納する習俗

供養絵額《くようえがく》（岩手県遠野市）

岩手県遠野市。言わずと知れた民俗学の聖地である。オシラサマ、カッパ淵、デンデラ野……そんな数々の伝承に彩られた地だが、死者供養においても珍しい習俗が伝わっている。

遠野市内の古い寺の本堂に行くと奇妙な絵額が飾られていることがある。屋内で複数の人物が食事をしている絵が多く、他にも本を読んでいる絵、子供と遊んでいる絵などもある。いずれも立派な着物、豪華な食事、高級な調度品に囲まれていて、リッチで楽しそうな生活を描写している。

これらは「供養絵額」と呼ばれている。亡くなった人のあの世での様子を描いた絵で、画中の人物は故人の生前の容姿や趣味や性格などを反映させているそうだ。

絵額は高さ50〜70センチ、幅70〜100センチ程度のものが多く見られる。ほとんどが板に直接描かれており、保存状態や使用した絵具によって個体差はあるが、色鮮やかな絵が多い。また屋内の光景が描かれることが多く、画面右に床の間、画面左に縁側、画面中央奥には絵の描かれた襖《ふすま》、そしてその手前に人物が配置されている構図がスタンダードだ。

一見華やかで楽しそうな絵だが、死者供養である証拠に、床の間に飾られ

遠野市小友の西来院。本堂の欄間には数多くの供養絵額が掲げられている。しかも保存状態の良い絵額が多い。供養絵額の宝庫だ

紫波町極楽寺の供養絵額。遠野市のものと違い、地蔵や菩薩の来迎絵がほとんどだ。遠野市以外はこのような来迎絵がほとんどで、遠野の供養絵額の特殊性が際立つ

ている掛け軸には、故人の戒名が必ずといっていいほど記されている。この戒名が鑑賞ポイントとして重要である。

たとえば夫婦と子供での団らん風景が描かれた絵額があるとしよう。親子3人の供養かと想像してしまいがちだが、掛け軸に書かれているのが成人男女の戒名だけだとすると、これは若夫婦の供養のための絵額であると判断できる。つまり子がいない夫婦があの世で子供を産んで家族で幸せに暮らしている様子を想像し、子供を描き足して〝仮想の家族団らん〟を表したものと推測できるのだ。

同様のモチーフの絵でも、掛軸に子供の戒名だけが書かれている場合は、逆にあの世で子供が寂しくないように両親の絵を描き足していると解せる。このように、供養絵額は誰を供養しているのかを判別しなければその意味を取り違えてしまうことになる。

供養絵額に描かれている光景に関して、遠野のとある寺の住職に聞いた話が非常に印象的だった。曰く、供養絵額にも地域差があり、遠野の中心部に住む商人など比較的裕福な人々が奉納する絵は、あの世でも商売をしたり好きな三味線を弾いたりと、現世と同じような暮らしを指向しているのだそうだ。

一方、郊外の寺では貧しい農家の人々が奉納したものが多いため、故人が生前に体験したことがないような豪華な暮らしを描く傾向にあるという。それは、せめてあの世では美味いものをたらふく食い、平穏に暮らして欲しい、という涙ぐましい願望の現れなのだ。

つまり、同じように食事や読書などをしている絵なのだが、その内容は現世の延長上にある世界なのか、あるいは現世では果たせなかった理想の世界なのかに大別されるのである。それは図らずも、遠野という地域のみならず、この絵額が奉納された時代の貧富の差が、文字通り地獄と極楽ほどあった事実を如実に浮かび上がらせている。

このような奉納習俗はいつ、どこから始まったのだろう。供養絵額が奉納されるようになったのは幕末期からである。そのピークは明治時代で、大正時代になると奉納は少なくなり、昭和を待たずしてこの習俗は終わってしまったという。その地域は岩手県内の北《き た》上《かみ》川の東側に限定されており、盛岡市南部、紫波《しわ》町、北上市、花巻《はなまき》市などに多く見られるが、数としては遠野市が圧倒的に多い。

しかも遠野市以外の供養絵額は、死後の世界を描いたものではなく、阿弥陀三尊や地蔵菩薩の来迎図、つまり仏教、浄土信仰に基づく題材が圧倒的に多いのだ。つまり遠野の供養絵額は他の地域のそれとは意味合いが異なっており、別の背景を持つといってよいほど両者はかけ離れている。

娘に御酌をされる男。床の間の戒名を見ると信士、童女、童子とある。つまり亡くなった親子があの世で穏やかに暮らしている様子が描かれていることが判る

こちらは大姉、つまり女性の戒名だけが記されているから、画中の２人の子供は架空の子供ということになる。あの世で子供たちと暮らしている想像図、ということになろうか

明治 38 年と明治 43 年に亡くなった男性の戒名が確認できる。風貌の違いは親子なのだろうか。背景には馬が描かれている。遠野では馬は富の象徴だ

豪華な食事と調度品。あの世での理想的な姿を絵にしたためて奉納する習俗からは故人があの世で安らかに過ごしてほしいという真剣な願いが込められているのだろう

遠野市以外のものも含めて、そもそも死者の姿を描く絵額のルーツはどこにあるのだろうか。

一説には、歌舞伎役者の死絵《しにえ》から派生したといわれている。幕末の頃、人気の歌舞伎役者が死ぬと戒名や没年月日、辞世の句などを添えた浮世絵があり、その影響を受けた可能性がある。

さらに遠野には、もともと故人の姿に似せた人形を奉納し、供養する習俗があった。市内の西来院には享保や安政年間に奉納された人形が現存しているが、これは供養絵額以前に流行した奉納習俗と考えられる。つまり死絵や人形供養などの習俗が混ざり合い、供養絵額の習俗が誕生したのではないかと考えられるのだ。

そうして登場した供養絵額は、死者を理想的な死後の世界へ旅立つことを願うための装置として流行したと同時に、法事や年忌などで菩提寺に訪れる度に故人を偲ぶためのツールとしても機能していたと考えられる。

なお、供養絵額の中に描かれた様々な調度品は、時代の写し鏡だった。たとえば、絵額の中でしばしば見られる時計。八角時計や振り子のない時計や温度計など当時最先端の機器が描かれている。本当に遠野にあったのかどうかはともかく、流行の最先端を絵に取り込むあたり、絵師の気概が見て取れるというものだ。スマホをあの世に届けようとする華人のマインドに通ずるものがある。

絵師といえば、遠野の供養絵額には作者の銘が入っているものも多い。中でも圧倒的に多いのが、外川仕候《そとかわしこう》という絵師の銘だ。仕候は幕末の武士で、江戸入りの際、歌舞伎役者の死絵に出会っていた可能性がある。明治以降、精力的に供養絵額を描いており、現存する遠野の供養絵額の3分の1は仕候の作だという。仕候の絵師としての来歴は不明だが、供養絵額の画中の襖に描かれた梅や鶏などの絵を見るかぎり、その腕前はなかなかのものである。一説には安く請け負ったので人気だったともいわれているが、そんな仕候の存在そのものが、遠野における供養絵額の存在を大きくしたともいえよう。

では、一大ムーブメントを興した供養絵額がなぜ急に消えてなくなってしまったのだろう。

答えは現在の遠野の寺院の本堂に上がればすぐに解明する。そこには大量の遺影が掲げられているのだ。遠野のほとんどの寺院では、葬式の際に使用された遺影を菩提寺に持って行って飾るという習慣がある。昨今は多くの寺で受け取りを断っているそうだが、それでもぎょっとするほどの数の遺影が本堂の欄間を埋め尽くしている。

大正時代の頃から、故人の肖像画を描く動きが全国的に広まっていった。たとえば前衛芸術家として有名な画家の萬鉄五郎《よろずてつごろう》も、大正時代には生計を立てるために故郷・岩手県東和町《とうわ》（現花巻市）で死者の肖像画の製作を多数請け負っている。東和町は遠野市の西隣で、ここも供養絵額が数多く確認されている地域だが、大正時代には肖像画が一般化しつつあった。肖像画の次に写真技術が広まってくると、今度は一気に写真による遺影が流行った。つまり供養絵額は肖像画に取って代わられ、さらに写真による遺影に取って代わられたのだ。

今では遺影に数の上では圧倒されてはいるが、そんな中にあってもやはり供養絵額の存在感は圧倒的だ。薄暗いお寺の本堂の中でも鮮やかな色彩で我々にあの世の様子を伝えている。そこには地獄も極楽もない、美味いものを食い好きなことをする理想的な世界なのだ。だから死んでも恐くなどないのだ――そう言われているような気がしてくる。

この供養絵額の奉納習俗は、平成13年に遠野市立博物館で特別展が行われたのを契機に注目されたが、その一方で本堂に飾るのを止めてしまった寺院も多い。先般供養絵額の奉納状況を確認しに遠野に赴いた際、供養絵額を片付けてしまった寺院がかなり増えていた。最大のきっかけは東日本大震災での本堂の修繕や建て替えである。しかし、中には新築した本堂にも再び供養絵額を掛けているお寺もある。この遠野独特の習俗を積極的に保存していこうと考えている人がいるのは本当に素晴らしいことだと思う。さすが民俗学の里である。

長泉寺。かつてはこのように遺影と供養絵額が沢山掲げられていたが、現在ではほとんど片付けられてしまった

亡くなった子のために奉納される冥婚絵巻

ムカサリ絵馬（山形県・村山地方）

日本人は死後の世界をどう捉えてきたのか、それを考える上で見逃せないのが死後の婚礼という習俗だ。あまり聞きなれないが、これは中国や東南アジア、朝鮮半島、沖縄、そして日本の東北地方などで見られるもので、若くして死んだ人に対して遺族が仮想の結婚式を挙げる習俗だ。

中国では紀元前の周王朝の時代にはすでにあったといい、宋の時代には盛んに行われていたという。その結婚の方法は様々で、たとえば現代の台湾では道に死者の髪などを入れた赤い封筒を置き、その封筒を拾った人と死んだ人を結婚させるという。ちゃんと結婚式も挙げ、親戚同士の付き合いもリアルに行うというものだ。

　また、中国のとある地方では、死者の伴侶として本当に埋葬された遺体を掘り起こして結婚式を行うところもあるという。そのため、墓から遺体が盗まれたり、生きている人間を殺して花嫁とする陰惨な事件が発生したりした。にわかには信じられないが、これは昔の話ではない。わずか数年前に起きた事件なのだ。

　一方、日本に目を転じると、これら冥婚に近いものとして、山形県に伝わるムカサリ絵馬の奉納が思い浮かぶ。中国の冥婚と直接関係があるのかどうかは不明だが、この習俗も死者が結婚するという点においては共通している。

　山形県の中央部、村山地方。この地方の寺院に奉納された絵額には、結婚式の様子が描かれている。これはムカサリ絵馬と呼ばれており、最上《もがみ》三十三観音の札所寺院などを中心に広く分布している。

「ムカサリ」とは、この地方で婚礼のことを意味する。若くして未婚で亡くなった死者に対し、あの世で独り身では可哀想だろうということで、親があの世での仮想の結婚式の様子を描写した絵を奉納するのだ。

最上三十三観音十九番札所の黒鳥観音。堂内にはおびただしいまでの巡礼札で埋め尽くされている。このような場所にムカサリ絵馬は奉納されているのだ

　薄暗い堂内の壁や欄間や天井に掲げられた大量の色鮮やかな婚礼風景を見ていると、たまらない気持ちになってくる。それは、死者があの世で結婚するというありえない光景への驚きとともに、そんな現実離れした絵を描かざるを得ない、子を亡くした親の気持ちが痛いほどダイレクトに伝わってくるからである。

　ムカサリ絵馬の多くは、専門の絵師が描いたものだ。しかし目に留まるのはむしろ素人が描いた絵のほうだ。稚拙な技術しかなくても、亡き子のあの世での幸せのために慣れない絵筆を握って描いた結婚式の絵を見ていると、下手だが、いや、下手だからこそどんな名画よりもズシンと心に響いてくるものがある。これは日本のフォークアート史上、最も悲しく、そして力強い

二十番札所小松沢観音。黒鳥観音同様、壁や扉は大量の巡礼札で覆い尽くされている。ムカサリ絵馬は巡礼者の手の届かない上のほうに掲げられている。画風が様々であるところから、この地方には特定の絵師がいないことを伺わせている

絵画だと思う。

その歴史は明治時代にさかのぼる。基本的な構図は、参列者が車座になって結婚式を挙げているものが多い。

中央に新郎新婦と仲人の4人、さらには両親や兄弟も描かれている場合もある。それと三三九度の媒酌をする小さな子供が描かれている。これは男女一組だったり女児だけだったりするのだが、この地方ではオナジョウブと呼ばれているそうだ。背景には床の間や襖なども描かれており、松竹梅や蓬莱《ほうらい》など吉祥を象徴する絵柄がふんだんに盛り込まれている。

かつてこの地方では結婚式は婚家で三日三晩盛大に行われたという。その様子を表しているのだからそれは賑やかな絵だろうと思いきや、実際にお堂の中で拝見するとそこには華やかさはあっても賑やかさはない。むしろ凛とした静寂感に包まれている。

また、妙に薄い色調で描かれている

中には奉納者自らが描いたと思われるムカサリ絵馬も見られる。決して上手くはないが、亡き子のあの世での幸せを願って描く絵は悲しくも力強い。美術的な文脈でもっと注目されていいと思う

ムカサリ絵馬も多く、画面の登場人物全員がどこか遠くへ消えて無くなってしまいそうな儚《はかな》い雰囲気に満ちており、本来の結婚式とは明らかに違う空気が漂っている。死者の結婚式だから当然といえば当然なのだが、これがまた何とも切ない気持ちになってくるのだ。

ちなみにムカサリ絵馬の場合、結婚相手は架空の人物でなければならないという決まりがあるそうだ。もし生前に交際していた相手がいたとしても、その相手の名前などを絵馬に記してはならない。このあたりは中国の冥婚と決定的に違う点だ。あくまで仮想の婚礼を描くだけで、結婚相手や仲人に具体性を求めない。だからこそムカサリ絵馬には現実味が薄い、儚い絵が多いのかもしれない。

ところでムカサリ絵馬の習俗に関して一番驚いたのは、それが今でも連綿と続いていることだ。いや、むしろ近年のほうが奉納点数としては遥かに多

華やかなはずなのに、まるでどこかに消え行ってしまいそうな淡い色彩の絵馬

平成になってから奉納されたムカサリ絵馬。近年ではこのように伝統的な図柄から離れた絵馬が増えてきた

このような合成写真も登場してきた。花嫁の写真は婚礼用のパンフから抜いたものだろうか。ムカサリ絵馬は時代のニーズに合わせて進化してきた。それは生きている習俗だからに他ならない。

いのだ。これはムカサリ絵馬の習俗がテレビなどで紹介されたからで、かつては村山地方だけでひっそり行われていた習俗だったのが、今では日本全国から亡き子の婚礼を執り行いたいと願う人々がわざわざ山形までやってくるのだという。

それにともない、以前は伝統的な結婚式の風景が多かったのだが、近年では時代のニーズに合わせ、婚礼写真を模した無背景のツーショットの絵が増えてきた。さらに最近では、亡き幼子の写真と婚礼パンフなどの花嫁の写真を合成したものまで登場し、ムカサリ絵馬の表現様式はますます多様化している。だが、どんなに表現形式が変わっても、亡き子の婚礼という部分では少しもブレていない。

とはいえ、そこに奉納されているのはムカサリ絵馬だけではない。他にも大量の遺影や巡礼の札、参詣図などが一緒に飾られており、混沌とした奉納物の大群の中のひとつとして存在している。特に最上三十三観音の十九番札所の黒鳥《くろとり》観音（山形県東根市）や二十番札所の小松沢《こまつざわ》観音（山形県村山市）の堂内の様子は、常軌を逸した密集状態である。扉といい、壁といい、すべてのスペースが巡礼札や絵馬、遺影で埋め尽くされており、無類のインパクトを誇るムカサリ絵馬ですら他の奉納絵に圧倒され、色褪せて見えてきてしまうほどの強烈な空間に仕上がっている。

興味深いのは、このような光景が誰か一人の手によって生まれたのではない点だ。奉納者はただひたすら自分と自分の身内の幸福だけを求めて札や絵馬を奉納するだけである。それを寺院は追認するだけである。その結果、そこには誰も見たことがない濃密な空間が出現するのだ。それは言い換えれば、何のバイアスもかかっていない、むき出しの信仰の姿そのものなのだ。

奉納人形による死後の仮想結婚

婚礼人形（青森県五所川原《ごしょがわら》市、同つがる市）

太宰治の生地として有名な五所川原市金木《かなぎ》。その金木の街の北側にある芦野湖の畔に、川倉賽の河原地蔵尊という霊場がある。ここは津軽の人にとっては死者の行く場所とされており、津軽における死者供養のメッカだ。

本堂である地蔵堂へ一歩入ると、濃密な死の空気が漂っている。壁に掲げられたたくさんの遺影、大量の着物、洋服、手拭い……足元には靴や草鞋が積み上げられている。何より驚くのは、ひな壇に整然と並ぶ、顔を白く塗って着物を纏《まと》った大量の地蔵尊の群れだ。地蔵像の形状はまちまちで、着衣もすべて異なっているので、色彩が入り交じって乱反射を起こしそうだ。その濃密具合は恐山の比ではない。いわゆる

川倉賽の河原地蔵尊地蔵堂。おびただしい数の地蔵や着物で埋め尽くされている

霊感というものがまるでない筆者ですら身体が重く感じ、押しつぶされそうになる。奉納物に託された「念」の質量がそうさせているのだろう。

これら大量の地蔵は個人の奉納によるものだ。この地方では子供を亡くすと、供養のために地蔵を一体奉納する習俗がある。その像を我が子と見立て、その死を悼み、生前の我が子を偲ぶのだ。そして大祭に訪れたときに〝自分の子供〟であることがわかるよう、派手な帽子や着物を着け、化粧を施すのである。

これらの奉納に関しては霊場の側が奨励しているわけではなく、かつてはイタコやカミサマといった津軽各地に存在する民間の霊能者が奉納を勧めていたという。今ではそのような霊能者、特にイタコは少なくなってしまったので、個人が自主的に奉納をしているようだ。

さて、前置きが長くなってしまった

が、この川倉の地蔵尊には地蔵堂の隣に人形堂という建物がある。中に入ってみると一瞬息が詰まりそうになる。そこには人形問屋の倉庫のように大量の人形がガラスケースに納まって延々と並んでいるのだ。その棚ははるか奥まで続いている。無限に続くのではないかとさえ思えるほどである。

　ケースに納まっているのは婚礼姿の日本人形。そう、山形のムカサリ絵馬が2次元の結婚式であったのに対して、ここでは人形による死者の婚礼が行われているのだ。つまり、未婚の若者や子供が死んだ後にあの世で結婚できることを願って奉納された婚礼人形なのである。

　それらは基本的に新郎新婦の出で立ちで並び立っているものがほとんどだ。男女とも和装で、新郎は紋付袴姿、新婦は白無垢か色打掛に角隠し。ケースの外側には、新郎新婦の名前と死亡年月日、奉納者の名前などが書かれた紙が貼ってある。もちろん新郎・新婦、どちらかが架空の名前なのだが、ムカサリ絵馬のように戒名が記されていないので、どちらが故人でどちらが架空の配偶者かは判断が難しい。ケース内には人形の他に玩具や菓子、そして故人の写真や生前の嗜好品などが飾られていることが多く、そのあたりを見て判断しなければならない。

　缶ビールや煙草は故人が好きだったのか、それとも成人したら酒や煙草も嗜《たしな》むだろうとの親心か。中には架空の夫婦の架空の子供なのだろう、小さなキューピー人形などが添えられていることもある。

　先ほどの地蔵堂の薄暗く、圧縮された空間とは対照的に、倉庫のように明るく整然と並んではいるが、濃密な死の空気が漂っていることに変わりはない。やはり重く押し潰されそうな気持ちになってくる。いや、むしろ無機的な空間だからこそ、奉納物に込められた「念」がダイレクトに伝わってくるのかもしれない。

　この習俗で印象的なのは、死者の時間が現世同様に進んでいるということだ。遠野の供養絵額などはあの世での幸せな暮らしを具体的に描いているものの、その時間は永遠に停止した状態だ。一方、山形のムカサリ絵馬やこの人形婚は、死者があの世に行っても、どこかで成長し、成人し、結婚しているだろうという前提が（少なくとも遺族にとっては）ある。つまり子供は現世では死んでしまったが、パラレルワールドのようなところで生き続け、時間が経過しているという思いを持ち続けているのだ。

　仏教がいくら輪廻を説いても、来世に転生し、親である自分との縁が切れるのは受け入れがたいものがあるのだろう。だから転生ではなく、曖昧な死後の世界を信じてしまう。いや信じざるを得ないのだ。

川倉賽の河原地蔵尊人形堂。無機質な倉庫のような棚に延々と婚礼人形が並んでいる

訪れる人もまばらな堂内で無言の結婚式が今日も明日も繰り広げられている

弘法寺。幼い子供を亡くした親が定期的に来てはキューピー人形を奉納していくという。これは婚礼相手ではなく、遊び友達、という事なのだろう

バイクと白無垢花嫁というシュールな組み合わせ。若い男性の供養なのだろう

この人形婚は青森県の数ヶ所で行われている。中でも、特に古くから行われてきたのがつがる市の弘法寺《こうぼうじ》である。弘法寺では昭和30年代頃から死後婚礼としての人形の奉納を受け入れているという。戦死者の遺族が持ち込んだのが最初で、当初は婚礼人形などなかったので、郷土人形である角巻《かくまき》人形などを使用していた。その後、昭和40年代後半に入ると婚礼人形の奉納が浸透してきた。この時点で、遺族に奉納を勧める主体は寺院ではなく、やはりイタコやカミサマなどの民間の巫者《ふしゃ》だった。かくして弘法寺は、黄泉《よみ》の祝言《しゅうげん》を挙げられる寺として近在の人気を集めたのである。

ちなみにこの弘法寺には、人形を奉納する経済的な余裕がない人は、人形の代わりに絵額を奉納することになっている。新郎新婦が並ぶ絵で、「ムカサリ絵馬」によく似ている。ところがその絵額の一番古いものは昭和12年に奉納されているというのだ。つまり人形奉納よりも先に絵額奉納があり、それはどこかでムカサリ絵馬の影響を受けていたのかもしれない。

さらにいえば、靖国《やすくに》神社の遊就《ゆうしゅう》館には未婚で戦死した兵士に対し、遺族が奉納した花嫁人形が複数展示されていることから、青森県のみならず全国的に広く行われていた可能性もある。人形婚のルーツはまだまだ謎が多い。

こうして弘法寺で興った人形婚ブームは昭和55年前後には川倉賽の河原地蔵尊に飛び火する。もともと津軽における地蔵信仰の中心地だけに、一度始まると婚礼人形の奉納は徐々に増え続け、昭和63年には人形を専門に収容する人形堂を建てることになった。

しかしそれでも奉納は増え続け、平成2年にはさらに増築し、現在に至っている。弘法寺、川倉地蔵尊、ともに千体ほどの人形が今日も明日も静かな堂内で無言の婚礼を行っているのだ。

ごく初期は婚礼人形が手に入らなかったため郷土人形の角巻人形や日本人形を使っていた

見ているだけで心を揺さぶられる婚礼人形の奉納習俗だが、そこには子を亡くした親の悲しさを癒すという以外にも目的があるのだ。それは未婚で死んだ者への祖霊化である。

日本の伝統的な家族観、死生観では、死者つまりホトケは大きく3つの種類に分けられている。ひとつはその家の代々の先祖としての霊、もうひとつは数年内に死んだ霊である新仏《あらぼとけ》、そしてもうひとつが無縁仏だ。

無縁仏とは、行き倒れや漂流死体もだが、その家の未婚で死んだ者や子を持たない者、そして幼児もそれに相当する。つまり結婚して、子を成して初めて祖霊になる資格を得ることになる、という考え方だ。

これはもちろん現代の考え方からすればナンセンスだが、少なくともかつての日本はそういう社会だった、そして今でもその考え方が少なからず残っていることは現状として捉えておくべきだろう。良いか悪いかは別にして。

ともかく、未婚で死んだ者は祖霊にはなれず、先祖として家で祀ることができない。そこで死後の婚礼が必要になってくるのである。未婚の若者や子供が死んだ場合、たとえバーチャルでも結婚して、さらにいえば子を成した、という体《てい》にすることでようやく一人前の祖霊へと昇格できるのだ。つまり社会システム上からも必要な習俗だったといえよう。

弘法寺に人形を奉納する人はほとんど津軽の人だ。遠くからの奉納もある川倉賽の河原地蔵尊とは対照的だ

家という制度が音を立てて崩れようとしている現在、子を成して一人前、という考え方はかなり薄れてきた。それと同時に祖霊崇拝という考え方自体あやふやなものになってきた。

そんな時代においてこの人形婚も奉納数としては平成14年辺りをピークに減少傾向にある。それは未婚者を祖霊化すること自体に意味を成さない時代になってしまったからだろう。

しかし一方で、この習俗が簡単に消えてなくなるとも考えにくい。それは、この習俗の担い手が子を亡くした親であり、子を亡くした悲しみを癒す機能としては十二分に機能しているからだ。これは亡き子の供養という名の、親の癒しなのだ。

第8章

意味の地平線を跳び越えた文字たち

人は自らの願いを神仏に届ける手段として、象徴的な「モノ（呪物《じゅぶつ》）」を介して祈るという方法をここまで紹介してきた。その一方で、願いごとをそのまま文字にして祈願する手法も存在している。

いうまでもなく文字は人間だけがもつ文化で、文字に表される意味は人間の思考の枠内に限定されている。

しかし、言霊（言葉に宿ると信じられた霊力）の信仰にもみられるように、文字や言語そのものにも神秘的な魔力があることを日本人は知っている。本章では、文字を介した人と神との関係性について迫ってみたい。

大量の「願い紙」が埋め尽くすお堂

高塚愛宕《たかつかあたご》地蔵尊（大分県日田《ひた》市）

高塚愛宕地蔵尊は、九州北部の人々の間では「高塚さん」と呼ばれ、よく知られた寺院だ。奈良時代の回国僧・行基ゆかりの伝説を持つこの古刹は現在、様々な願いごとが叶うお寺ということで多くの参拝客でにぎわっている。特に受験合格や病気平癒、子宝祈願に御利益があるという。

賑やかな参道沿いの商店街を抜け、境内に入り、階段を上ると正面に拝殿が見えてくる。ここは神仏混淆《しんぶつこんこう》の寺であり、その本堂は、神社のように拝殿と本殿とに分かれている。

壁が見えない程びっしりと貼り付けられた「願い紙」。寺で頒布された紙が多いが、自ら自宅で書いて持ち込んだ紙のほうが真剣度が高い

その拝殿が、びっしりと恐ろしいほどの量の紙で覆われていた。何ごとかと思って近寄ってみれば、そのすべてに願いごとが書かれているのだ。これは「願い紙」と呼ばれ、参拝者が願いごとを書いて奉納したものなのだ。願い紙はお寺側で頒布しているものと、参拝者が自分で書いてきたものを持参して奉納するものと二通りある。数としては前者が多いが、見ごたえがあるのは圧倒的に後者である。

試験の合格祈願、病気の平癒祈願が多いが、特徴的なのは、同じ願いごとを何度も何度も書き連ねてある点だ。

実は奉納する際には作法があり、願いごとを奉納者の年の数だけ書くことになっているのだ。つまり「顎関節症が治りますように」と80回書かれていればそれは80歳の方が奉納した、とい

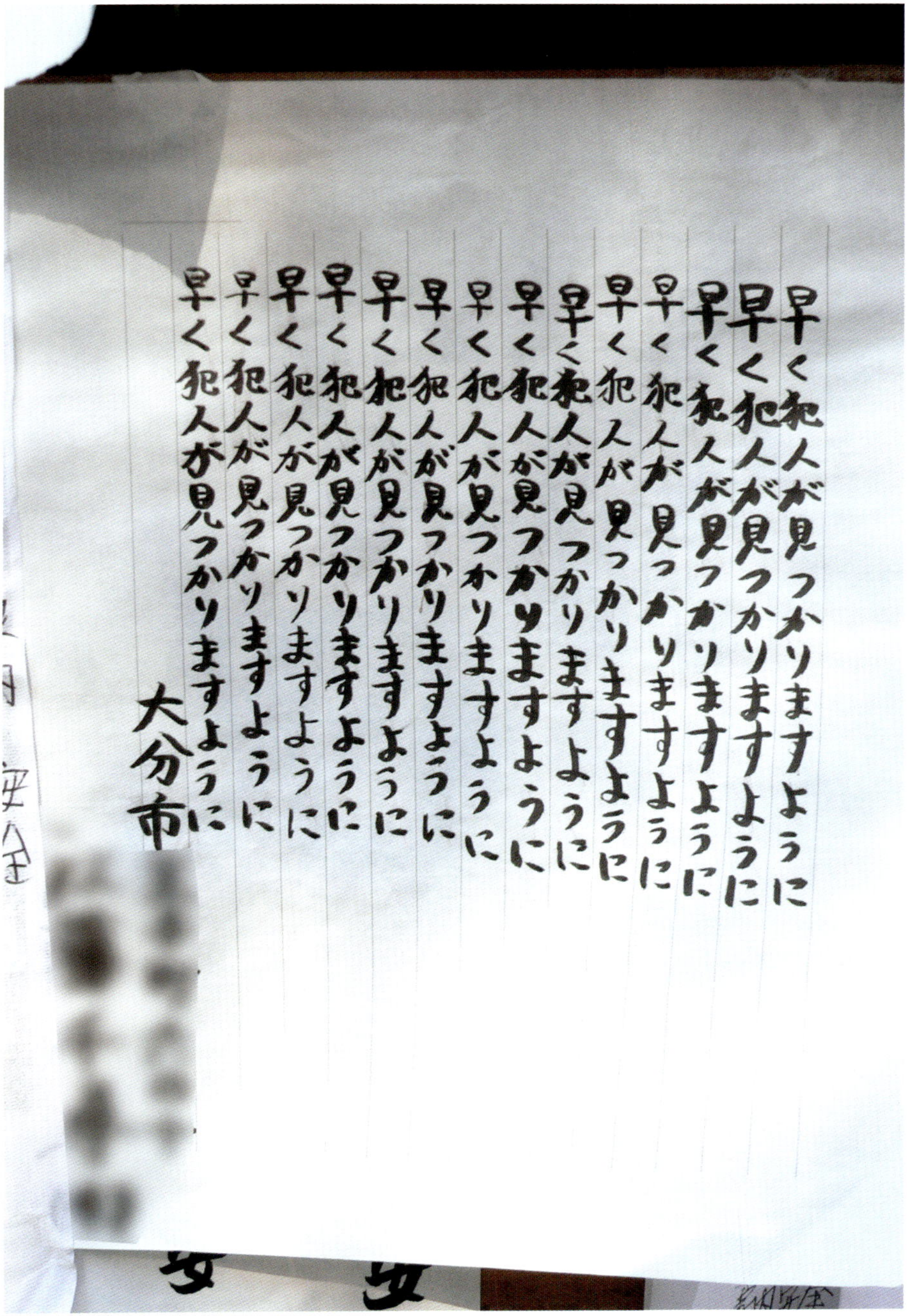

願いが14回書かれているので奉納者が14才であることが判る。一体若い身に何が起こったのだろうか？

これは祈願文の作法を間違えた例。年の数以上に願いを書いてしまったようだが、逆に強い念が伝わってくる

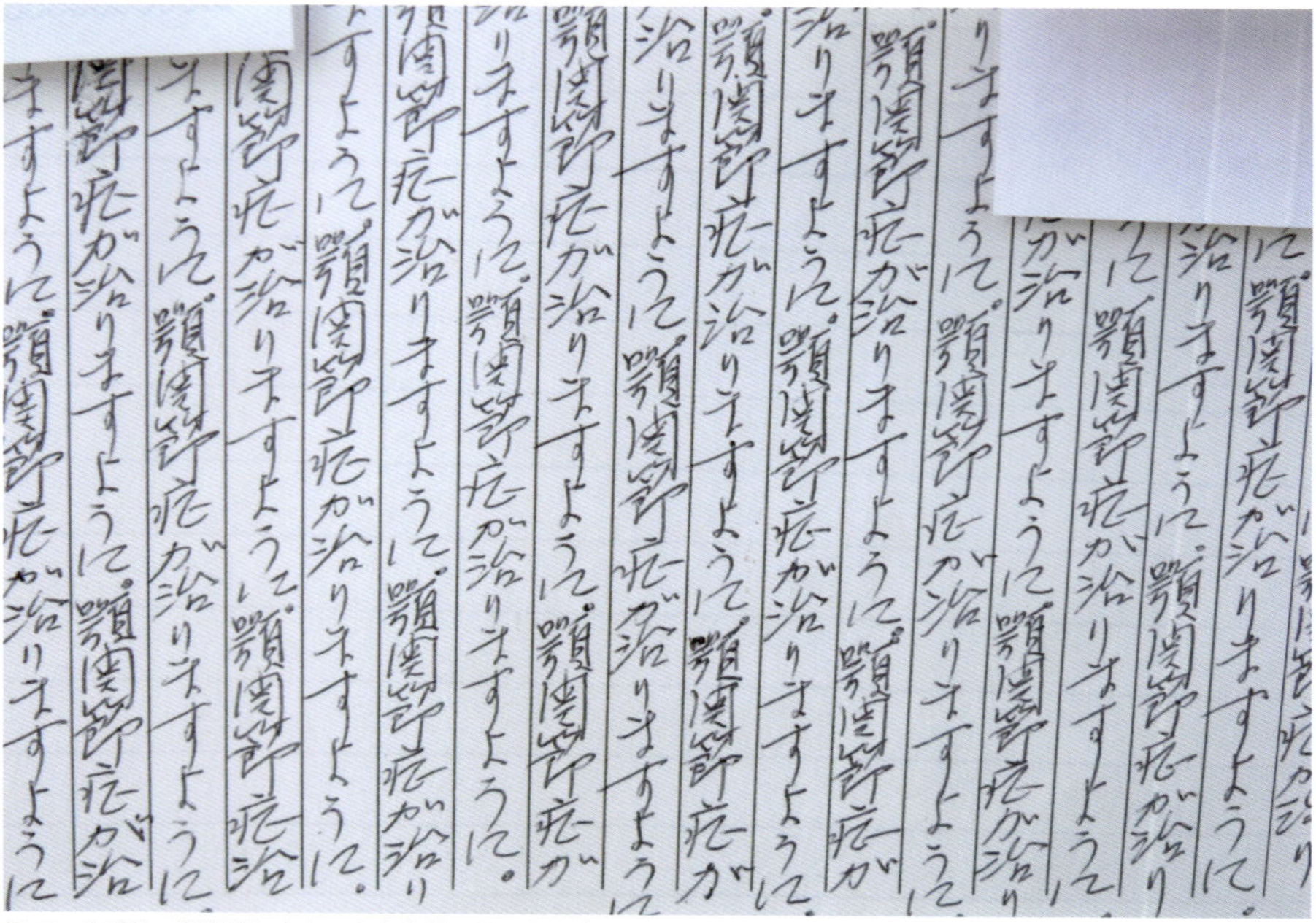

見ているだけで腱鞘炎になりそうな達筆の願い紙。書いている本人は真剣そのものなはず

うことがわかる。それにしても顎関節症が治ったとしてもこれだけ書いたら今度は腱鞘炎にならないだろうかといらぬ心配も浮かぶ。

　他にも様々な願いごとがあり、現代社会の闇を感じさせてくれる。

「課長の転勤」（パワハラを受けた？）「タカラジェンヌになれますように」「住宅ローンの融資がおりますように」「早く犯人が見つかりますように」……。中には祈願文の作法を知ってか知らずか、とにかくたくさん書けばいいと思ったか、「子子子子子子……」と何百も書き連ねた祈願文まであった。

　拝殿の回廊を埋め尽くす大量の願い紙――その数もさることながら、内容がディープ過ぎるものがあまりにも多かった。聞けばこの願い紙は、年に4回焼納されるらしい。それでも次から次へと願いごとを叶えたい人や、願いごとが叶って御礼する人が紙を貼りに来るのだ。人々の願いが一ヶ所に集められたその光景を眺めていると、何だかひとつの巨大な塊にも見えてくる。それは「人間の業」そのものの姿であったのかもしれない。

度肝を抜く「めめめめめめめめめ…」の呪願

目の霊山・油山寺《ゆさんじ》（静岡県袋井市）

　仏教において病気平癒はおもに薬師如来がつかさどる案件だが、その中でも特に眼病平癒に御利益があるとされる寺院が多い。遠州三山《えんしゅうさんざん》と呼ばれる静岡県袋井市の油山寺もそんな寺のひとつだ。孝謙《こうけん》天皇の眼病を治したとされることから目の霊山と呼ばれるようになり、今でも全国から眼病に悩む人々の信仰を集めている。

　深い木々の間を歩いていると、そこがお寺であることすら忘れそうになるくらい広大な境内。途中、川や滝があり、緑が目に染みる。なるほど、確かに目に良さそうな環境だ。しかし本堂である薬師堂の中に入ると、その様相は一変する。薄暗い堂内の柱、壁、格子など、ありとあらゆる所に数えきれないほどの絵馬が吊るされていた。さらに、中に入りきれない絵馬が薬師堂の外の縁側から干し柿のように吊るされているではないか（何なのださっき

薬師堂の壁という壁を埋め尽くす恐ろしいまでの数の絵馬。これだけの数の人が目の病に苦しんでいるのだ

斜めに引かれたマス目に「め」の字が書き込まれている。パズル好きの人が奉納したのだろうか？

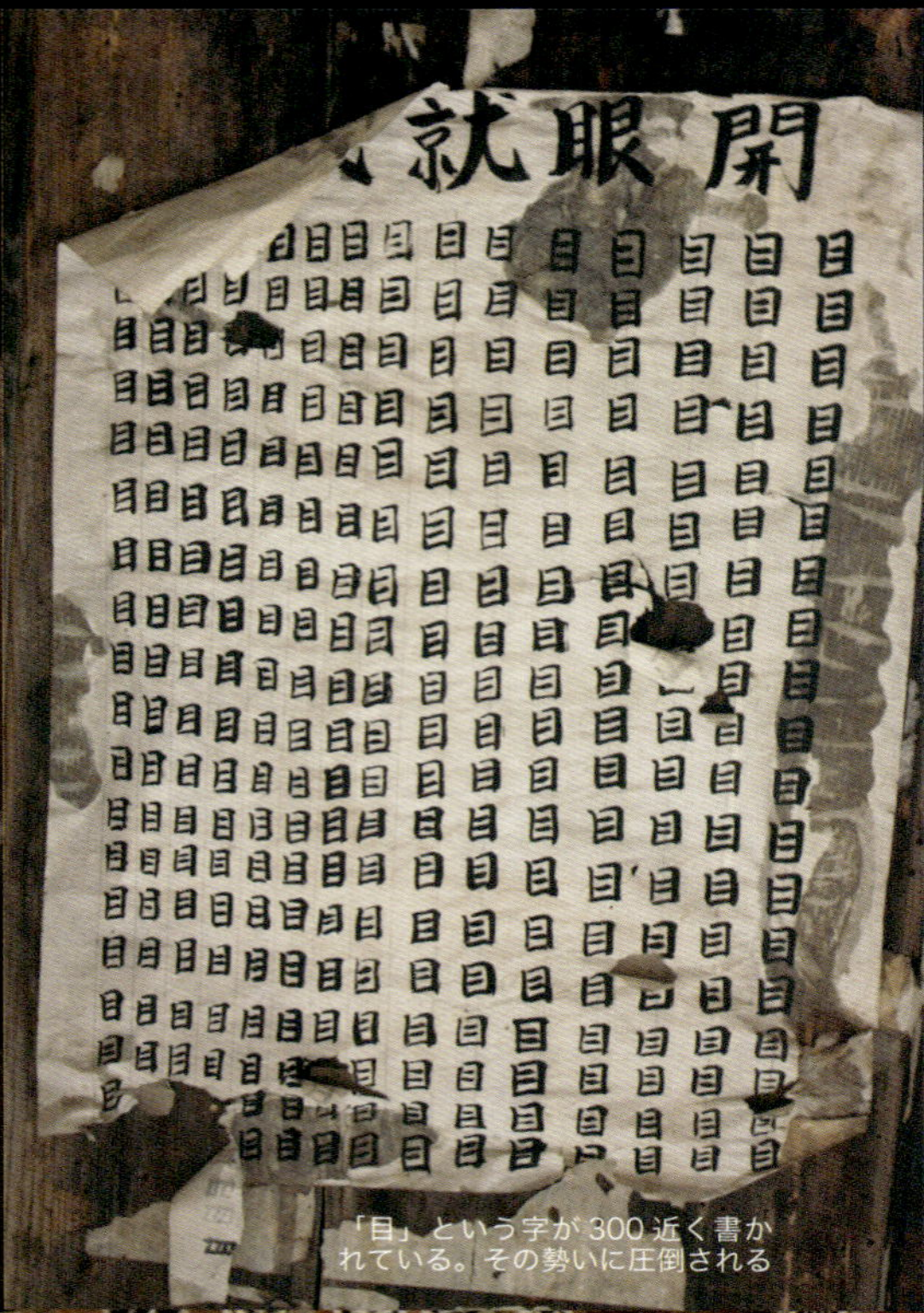

「目」という字が300近く書かれている。その勢いに圧倒される

穴開きの銭を打ち付けて「め」の字を象ったもの。このように銭で願いごとや五重塔などを象った絵馬は近世に流行した

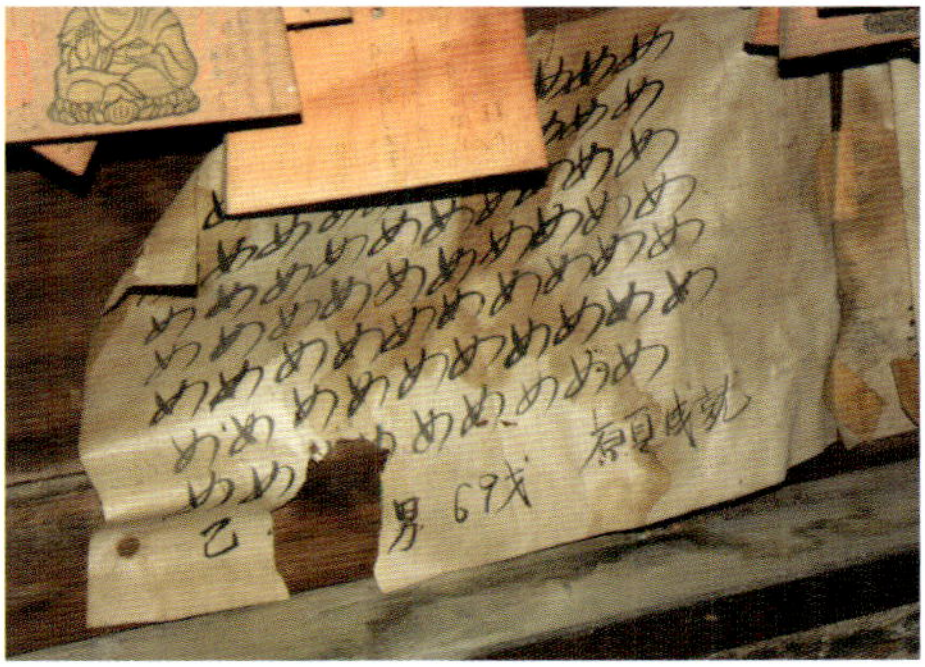

薬師堂のあちこちに「め」の字の絵馬や紙が貼り付けられている。眼の病は今も昔も深刻な問題だ

までの美しい自然は)。

大量に吊るされた絵馬は、まるでお釈迦様が地獄に垂らした蜘蛛の糸に群がる亡者の如しである。いや、それだけ真剣に目の病に悩む人がここの薬師如来に助けを求めに来ているということだろう。

絵馬の多くは寺で販売されている既製品だが、中には手作りの絵馬も数多く奉納されている。その中でも印象的なのは、五円玉を貼り付けて「め」という文字を象《かたど》った絵額。さらには昔の一文銭を貼り付けたものもある。そして、「めめめめめめ……」と字で埋め尽くされた紙。これは先述した奉納者の年の数だけ書くという祈願文だ。

中には、イラストパズル風にマス目を「目」で埋め尽くして「め」の字を浮かび上がらせたもの、メモの切れ端に書きなぐったもの、やっと字を憶えたばかりのちびっ子が書いたものなど、ありとあらゆる「め」という文字が奉納されている。

一生分の「め」の字を見ていたらゲシュタルト崩壊してしまいそうだ。もはや「め」はその意味すら消滅してしまい、単に目が悪い人が奉納する記号のように思えてくる。そういえば、たどたどしい筆跡の「め」の字絵馬があったが、子供のものではなく、目が見えない人が書いたものだったかもしれない。

大仏の足許を埋める言霊の群れ

盛岡大仏の句碑（岩手県盛岡市）

盛岡市の松園寺《しょうおんじ》は盛岡大仏がおわす寺として地元では有名だが、実際に行ってみると、大仏以上に強烈なインパクトを放っているのは境内のあちこちに並ぶ大量の石の句碑だ。

大仏を囲むように林立する句碑。あまりにも数が多く、肝心の大仏の姿すら霞んでしまうという本末転倒具合が面白い

寺の入り口である山門から大仏、本堂に至る参道沿いに延々と途切れることなく並んでいる句碑は、単純な奉納の範疇をはるかに超えている。

奉納者が思い思いに詠んだその句の内容は、日々の愚痴やありきたりな季節の描写、身の回りの幸せや不幸せといったお題が多い。さらに宮沢賢治の「雨ニモマケズ……」とか、単に「根性」「努力」とだけ記された石碑など多種多様。これらはすべて信徒の奉納によるものだろうが、数が尋常ならざるがゆえに異様な印象しか感じ得ない。

さらに、本堂を過ぎた先の造成地のような殺伐とした場所にも、かつては句碑が延々と並んでいた。何もない更地に句碑だけが延々と並んでいる光景を見ていると、一体どこまで続くのか、ひょっとしたら終わりがないのではないかとやや不安にもなる。

ちなみに石碑といえば、普通は文字を刻み込むものだが、ここの石碑は石に直接ペンキ塗りである。あまりにも大量に石碑が奉納されたために、一枚一枚文字を彫っている時間も暇もなかったのかもしれない。その潔さもまたこの寺の「質より数」的な姿勢を雄弁に物語っているように思えてならない。言葉の意味や内容よりも言葉の数を優先した結果、生まれた奇景である。

延々と続く石碑の群れ。どこか焦燥感にも似た、前のめりのパッションが感じられる

白い羽毛のごとくはためく奉納物

家原寺《えばらじ》の祈願ハンカチ（大阪府堺市）

大阪府堺市にある家原寺は行基の生地である。行基といえば言わずと知れた奈良の大仏建立のプロデューサーであり、他にも様々な灌漑事業や社会事業を行い、幅広い層の人々に尊敬されていた高僧である。

その家原寺、現在は七五三参りから水子供養、ペット霊園まで衆生の願いや苦しみを幅広く受け入れているが、何といってもこの寺で人気が高いのは受験合格祈願である。本尊が知恵の神様、文殊菩薩であることにあやかって、大阪の受験生がこぞってやって来るのだ。

別名「落書き寺」と呼ばれているように、かつては受験生が本堂の壁に直接志望校や目標の点数などを書き込んでいたのだが、これではあっという間に本堂の壁が埋まってしまう、と判断したお寺サイドが、ハンカチに願いごとを書き込んで奉納するシステムを編み出したようだ。結果、今では本堂の建物がびっしりとハンカチで埋め尽くされるようになってしまった。

ハンカチは「祈願はんかち」と呼ば

本堂に貼られたハンカチの多くには志望校の名が書かれている。受験シーズンには本堂がハンカチで埋め尽くされるという

れ、遠目に見ると、一見日の丸のようだが、よく見ればこの寺の紋である九曜紋が染め抜かれている。ひらひらと風にたなびく大量のハンカチはまるで本堂から生えた鱗のような、羽毛のような風情だ。

その数に圧倒されながらも近づいて一枚一枚眺めてみる。もちろん大学や高校の合格祈願が圧倒的に多く、次に多いのが国家資格試験等の合格祈願。世の中にはこんなに資格試験が多いのか！と驚かされたりもする。

訪れた際にはまだ壁や柱や扉にいくらかの隙間が見えたが、受験シーズン直前にはハンカチで本堂がびっしりと覆われてしまうのだとか。これはある意味、現代においてはもっとも切実かつ真剣な願いごとのひとつであるのは間違いない。

自力で何とかなる部分は自分で頑張って、それ以上の領域は神様に託そう。頑張れ！

あの国もこの国も平和でありますように

ピースポールの聖地（静岡県富士宮市）

ピースポールをご存知であろうか？観光地や有名な神社仏閣、はたまた街角や民家の庭先など日本中のあちこちに立っているあの白い角柱である。「世界人類が平和でありますように」といえば「あぁ、あの……」と思い出される方も多いのではないか。大雑把にいえば、世界中にこのポールを建てることで宗教や人種、政治体制などを超越して世界平和を願おうという運動である。しかしそのピースポールの聖地が富士山麓にあることを知る者はそう多くはないだろう。

そこは富士聖地といい、白光真宏会《びゃっこうしんこうかい》という教団の本部にある。

ピースポール運動と宗教との関係は一般にはあまり意識されないかもしれないが、ピースポール運動（ＷＰＰＣ）と白光真宏会の創始者は同じ人物。なので、厳密には別の団体ではあるのだが、実質的に両者は同じ敷地に存在している。

聖地にはたくさんのピースポールが並んでいる。一般的なピースポールは、「世界人類が平和でありますように」「May Peace Prevail On Earth」と書かれている。

ところが、ここに並ぶピースポールはやや特殊なバージョンで、各ポールに世界各国の国名が「〇〇国が平和でありますように」と書かれ、さらに別の面にはその国の言語で同じ文言が書かれている。

世界中の国の平和を祈念するポールがずらりと並ぶ様はさすがピースポールの聖地だわい、とひそかに感動しつつ先へ進む。

するとそこには、サッカーコートほどの巨大な世界地図が現れる。海を砂

ずらりと並んだピースポール。各国への平和への祈りが英語・日本語・現地語で書かれている

利、陸地を人工芝で象った世界地図には無数のピースポールが建てられている。その上部には巨大な「世界人類が平和でありますように」という文字。これらの全体像は大きすぎて地上からはほとんど判らず、航空写真でしか認識できないほどの大きさ。

それにしてもこの広大過ぎるミッションを何故敢行しようと思ったのだろう？

私はこのピースポールの運動に堪らないレトロ感を感じてしまう。いや、もちろん宗派を超え世界平和を願うという理念はとてもとても素敵なことだと思うが、国家が人々の幸福を立脚させる基点だと誇らしげに謳う光景に、なぜか懐かしさを覚えてしまうのだ。それは、この運動が興ったのが東京オリンピックや大阪万博の熱気が冷めやらぬ１９７０年代だったことと無関係ではないような気がする。

憑依霊の正体が明かされた?·卒塔婆

羽黒山《はぐろさん》霊祭殿(山形県鶴岡市)

月山《がっさん》、湯殿山《ゆどのさん》、羽黒山は古くから出羽三山として信仰の対象とされていた。そのセンター的な存在が羽黒山にある三神合祭殿である。出羽三山の山の神を合祭した神社で、日本最大級の木造建築としても有名な荘厳な社殿である。多くの観光客や参拝客がこの神社を訪れるが、そのやや奥にある霊祭殿まで足を運ぶ者はあまりいない。

この霊祭殿はもともと地蔵堂であったという。

ご存知の方も多かろうが、山岳信仰の多くは神道と仏教が入り混じっている。しかもこの羽黒山は、山岳修験の信仰とは別に、近在の人々の間では死者の魂が行く山として知られる。つまり霊祭殿はこの山に集まる死者の魂を供養する場所なのだ。

霊祭殿の脇には数多くの地蔵菩薩像と卒塔婆、そしてたくさんの風車が並んでいて、東北地方の霊場に顕著な独特の光景が展開されている。

特に卒塔婆は隙間なく並んでおり、一種異様な雰囲気を醸しだしている。

そのほとんどには戒名や亡くなった人の氏名が書かれているが、その一画にどうにも理解しがたい文言が書かれているものがあるのだ。

「わらの衣を着てボロ着た坊主法印虚《ほういんこ》無僧布袋福助観音《むそうほていふくすけかんのん》を利用した張本人一同之命之霊位《のみことのれいい》」

「全国津々浦々から連れて来られ飲まず食わず働かされた家族親子一同之命之霊位」

「生木に火を付けた前世の命之霊位」

「大先祖山掛りで途中で亡くなりし命之霊位」

「大先祖糖尿病で狂って若死にした命一同の霊位」

「十一軒口炭坑時代に生き埋めされた人夫一同の霊位」

「一揆そう動で焼き殺された霊」

「心臓圧迫で若死にした命之霊位」

……まだまだあるがこのへんにしておこう。「命之霊位」とは、戒名の代わりに用いられる神道の霊号だが、刺激的な言葉が散りばめられたこれらの

霊祭殿の脇に並んだ卒塔婆群。地元では羽黒山は死者の霊が集まる山としても信仰されている

卒塔婆に書かれているのは前世の因業か憑依した霊の正体か。その種類の多さと内容のエグさに思わず感心してしまう

卒塔婆を見て思わずひっくり返りそうになった。

その正体は、近在の民間の霊能者が、依頼者の前世の因業《いんごう》や、憑依《ひょうい》している霊の存在を霊視し、その憑き物を供養するためにこうして卒塔婆に書きつけて羽黒山に奉納させたものらしい。

東北地方一帯には民間の霊能者が多く存在しており、庄内地方にも「ミコ」、「ミコサン」と呼ばれる霊能者がたくさんいる。ちなみに似たような内容の文言が書かれた卒塔婆や札は、湯殿山にもあった。

神仏が習合した山岳信仰と、死者の魂が山に集まるという東北地方のハヤマ信仰。そしてローカルな霊能者らが繰り出す因業落としの宗教儀礼……この地方のいくつものレイヤーが重なったような多様な信仰と、民間巫者が作り上げた混沌とした宗教世界が垣間見られる貴重な場所である。

見る者を異次元へと誘う謎の文字群

弥勒寺《みろくじ》の角柱（兵庫県三田市）

兵庫県の山中に玉皇山《ぎょっこうざん》弥勒寺という寺がある。もともとは中国の清代に発生した一貫道《いっかんどう》という宗教的秘密結社に由来し、台湾経由で日本に根を下ろした新宗教（宗教法人・天道総天壇）の本部らしい。

広大な境内にはＦＲＰ（強化プラスチック）でできた巨大な布袋像が点在し、遠くから見ても伝統的な仏教寺院と一線を画す存在であることがわかる。

その教義によれば、儒教・道教・仏教・キリスト教・イスラム教は、時代と状況に応じて現れたもので、すべての道は「天地創造の親」にして「絶対唯一至高の神」のラウム様にさかのぼるという。具体的には弥勒像を崇拝し、「三界輪廻を脱し、永遠の極楽天国」に還ることを教えの目的としている。（カッコ内は教団ＨＰより）

そんな弥勒寺の境内のあちこちに、大量の角柱が林立している。角柱には「地球延命」、「霊障解消」、「霊団の壁解消」、「アレルギー体質改善汚血浄化」といった何やら穏やかでない文言が大書されている。中には「タミフル副作用平癒」などといった妙にイマドキな文言も。さらには「棒渦巻銀河大質量ブラックホール解放」といったＳＦ映画並みの祈願までなされている。「丹田チャクラ物質精神充実」に至っては、何が何だかよくわからない。

霊障の解消は他の教団・寺院でもよく見かけるお題目だし、タミフルうんぬんに関しては身近な御利益としてまだ理解できる。ところが、「ブラックホール」を始め、「次大元創世泉珠神国国父戴冠三期収圓」といった教団の文脈を共有していない者には謎でしかない文字列を見ていくと、果てしなく

様々な霊障を解消するための供養塔。脇には具体的な内容が記されているが、何の霊障なのか想像もつかないものばかり

最早、何の祈願なのかすら判らない文言が並ぶ。言葉が言葉を超越して別の装置になっているかのようだ

言葉のインフレーションが起こっているように思えてならないのだ。

それは、この教団の場合に限らない。仏教経典の文字群などは、ある意味もっと意味不明で神秘めかしたものとして我々の一般人の目に映る。卒塔婆群なども同様、日常を超越した概念を記した文字列の林立は、それ自体が酩《めい》酊《てい》を誘い、異次元へと我々を連れてゆく作用があるのだ。信仰の世界では、しばしば文字はその伝達機能をかなぐり捨て、時にその意味すらも超越してしまうのかもしれない。

ブラックホール解放しちゃって大丈夫なのだろうか？その真剣味だけは通じるのだが……

病気治しへの情熱が噴出するメッセージ

岩城修弘霊場（秋田県由利《ゆり》本荘《ほんじょう》市）

秋田県の山中に摩訶不思議な霊場がある。

「病気で苦しんでいる方お参りに来てください」という素通りを許されないような勢いのある看板に誘われるままに境内に入ると、あちこちに看板が立ち並び、そこには筆圧高め、かつ細かい文字でびっしりとメッセージが書き込まれていた。

一体何だここは？という疑問をもつ余裕も与えられず、次から次へと熱いメッセージが現れ、見ているこちらの脳内はだんだん攪乱されてメルトダウンを起こしていくようであった。

ここは岩城修弘霊場といい、個人が造った完全インディーズの霊場だ。この霊場を参拝することによって様々な

本堂の正面にびっしり貼り巡らされたメッセージ。その内容は現代医学批判についてのものが多い

本堂脇にもメッセージは続く。信仰と健康の関係を説いているようだ。要は「病は気から」ということだと思います、多分

病気が治るのだという。霊場主にしてみれば信仰と治療を同時に行うような場所なのだろう。

その、誰も付いていけないような熱いボルテージは、本堂の周辺に行くとさらにヒートアップしてくる。

壁を埋め尽くした霊場主のメッセージはさらに文字数が増え、現代の医療制度や医学の過ちを指摘するくだりは、ちょっとついていくのが難しいレベルに入り込んでしまう。まるで建物自体が全身に経文を書き連ねた耳なし芳一のようだ。

様々なメッセージを掻き分けるように本堂の中に入ってみると、何と、あれだけあったメッセージがぐっと少なくなっていた。

その代わり、天井や壁には仏像や仏画のポスターやコピーが貼り巡らされている。周辺のお堂や通路にも仏像のポスターやコピーがあちこちに貼られている。

この手のハンドメイド的な信仰施設が大好物な私としては小躍りするような光景だが、一般の感覚を持った人が間違えて迷い込んでしまったら、困惑の極みとなってしまうかもしれない。

この霊場主は、信仰と病気の関係性において頑としたポリシーをお持ちのようだ。その真意は、大量の看板を読んでみたが……結局よく判りませんでした。

一般的に宗教施設というものは、言葉で言い表せない神秘や世界観を建築や庭園といった視覚情報で表現するものだが、ここの霊場はその信仰のキモの部分をことごとく言語化し、看板に書き連ねている。

ある意味、象徴性を駆使するのが宗教の常道だとすれば、身も蓋もない表現といえるかもしれない。しかもそのメッセージが多すぎて、結局何が言いたのかがわからないというパラドキシカルな現象を引き起こしてしまっているようだ。

逆に、それだからこそ前のめりのパッションを強烈に感じる。ここまでやらなきゃ真剣な想いなど人様に伝わるはずはない。そう、つまりこれはこれでいいのだ、きっと。

手造り感満点な本堂の内部。本堂周辺にも手造りのお堂や祠などがたくさん並んでいる

第9章
稲荷信仰の裏側にあるもの

お稲荷さんの話をしよう。

日本で一番ホットな信仰のひとつである稲荷信仰。しかしその信仰の多様性は一筋縄ではいかない複雑さに満ちている。稲荷信仰から派生した様々な民間信仰が混在し、今でも不思議な信仰世界が続々と出現しているのだ。

稲荷はもともと渡来人である秦《はた》氏の氏神だったらしい。古い記録には「伊奈利」と表記されており（『山城国風土記』逸文）、伊奈利とは「伊《い》禰《ね》奈《な》利《り》生《お》ひき」の意であるという。つまり、「稲が成り生える」ということだ。

したがって、稲荷神は農耕の神であり、五穀豊穣の信仰を始まりとするのだが、やがて、仏教や民間信仰と融合してどんどん信仰の幅を広げ、ついにはオールマイティな御利益神として日本の津々浦々で祀られるようになっていく。

ではなぜ稲荷信仰はそんな爆発的な発展をみたのか。その背後にあったものとは何だったのか。

実際のところ、この問いに答えることは宗教学者ですら簡単ではない。掘れば掘るほど宗教史の底なし沼にはまっていく観すら覚える。

本章では、稲荷信仰が生み出した奉納習俗について考えてみることで、この信仰の本質に迫ってみたい。ここで紹介するものはどれも奇天烈な習俗に見えるが、そこには稲荷信仰が持つ宗教的ダイナミズムがベースにあることだけは肝に銘じておこう。

そんな稲荷信仰の特徴は、ほかでもない総本社である伏見《ふしみ》稲荷大社（稲荷山）でも顕著だ。ここでは稲荷信仰がなぜこんなにも混沌とした信仰になったのか、その原点を見ることができるのだ。

伏見稲荷大社のお山に点在するお塚の群れ。大規模なモノからこじんまりしたモノまで様々だ

赤鳥居と「お塚」が無数に織りなす信仰の坩堝《るつぼ》

伏見稲荷（京都府京都市）

京都市伏見の伏見稲荷大社は、言わずと知れた稲荷信仰の総本社にして日本屈指の名刹である。関西地区初詣参詣者数ナンバーワン。海外からの旅行者に人気の観光地ナンバーワン。信仰の面でも観光の面でも大変人気があり、大勢の人が訪れる。トンネルのように隙間なく並ぶ千本鳥居は外国人観光客のみならず、日本人にも宗教の根源を想起させる光景なのではないだろうか。

その千本鳥居を抜けた奥の院で参詣を済ませた大抵の人々は、満足げにいま来た千本鳥居に戻っていくのだが、筆者は言いたい。

「ここからが、伏見稲荷大社のホントの姿だぜ」と。

奥の院があるエリアからさらに先へ

先へと、鳥居の群れは続いている。そう、伏見稲荷大社の裏山にあたる稲荷山全域にわたって赤い鳥居の列が続いているのだ。三つの峰が連なる稲荷山、昼なお暗い鬱蒼としたこの森の中に赤い鳥居が延々と並んでいる様は、さしずめ山全体に血管が張り巡らされているかのようだ。

ここには本殿や奥の院のようなライトな観光客はいない。静寂が支配するまさに伏見稲荷大社の裏の顔とでもいうべき世界が広がっている。

鳥居に従って歩いていくと、所々に小さな祠《ほこら》や社が密集している場所がある。これらは「お塚」と呼ばれており、関西各地にある講や小さな団体が自発的に造った奉拝場だ。

このお塚は山中のあちこちに点在し、その総数は1万基はあるといわれている。お塚には社だけでなく、神号が刻まれた石碑などがたくさん設置されている。神号を見ると聞いたことのない名前ばかりである。おそらく伏見稲荷大社も把握してはいない、民間信仰のオリジナルの神様だと思われる。

つまりこのお塚は、伏見稲荷大社の境内にありながら、稲荷信仰とは別のインディーズの信仰によるものなのである。その多くは神仏習合の信仰のようで、中でも「オダイ」と呼ばれる民間の霊能者の存在は大きく、伏見稲荷の信仰を下支《したざさ》えしている。

深い森の中にある民間信仰のサンクチュアリ（聖域）。奥へ行けば行くほどその密度は濃く、深くなっていく。お塚には高さ30センチほどのミニ鳥居を奉納しているところが多い。スペース的に並べられないので、横にした鳥居を上に上にと積み上げたり、石碑に立てかけたりしているのだが、その数が多いので今にも崩れ落ちてきそうだ。そのおびただしい数こそが信仰の根深さの証でもある。

見れば神号もそれぞれの奉拝場によ

奉納された大量のミニ鳥居。聞いたことのない神号が刻まれた石碑が並ぶ様子からは、稲荷信仰の振れ幅の大きさが垣間見える

ってまるで違う。いわばひとつひとつの奉拝場がすべて別の宗教なのだ。

なぜこのような現象が稲荷の総本社のお膝下で起こっているのだろう。

その原因は明治初期にさかのぼる。神道の国教化を進める明治政府は慶応4年から明治元年にかけて、それまで広く信仰されていた神仏習合を廃し、明確に神道と仏教を分けた。さらにそれまで明確でなかった数多くの神社を体系立て、統合し、整理し、その立ち位置を明確化していった。

しかしその中でもどうしても神と仏を分離できないような信仰も数多く存在していた。たとえば民間信仰の団体や講社などだ。これらカテゴライズができない信仰集団は、明治政府によってやや無理筋に稲荷信仰に組み込まれてしまった経緯があるようだ。

こうして、神仏習合的な民間信仰の団体などが伏見稲荷大社の裏山である稲荷山に封じ込められたのである。

燈明にひっそりと照らされた鳥居。お山の中は鬱蒼としており、昼でもなお暗い

明治政府にしてみれば未分化の宗教をまとめて処理したつもりなのだろうが、１５０年経った今、そこは混成宗教の巨大なる見本市と化している。一般的に我々が考える神道とは似ても似つかないもうひとつの神道が、そこには横たわっているのだ。それはまた、神仏習合が当たり前だった時代の、言うなれば中世から近世にかけて日本人が当たり前のように信じていた神道の普通の姿だったのかもしれない。

我々は何の疑問ももたず、現在の伊勢神宮を頂点とする神道は日本人が古来から信仰してきた民族宗教だと思いがちだが、日本人が古来より信仰してきた神観念は実はもっとわかりにくく、多様で混沌としていた。その残照が伏見稲荷の裏にいまも潜んでいるのだ。

そもそもこのようなインディーズ宗教がなぜ、稲荷信仰に組み込まれたのか？

筆者が考えるに、稲荷信仰はもとより複合的な信仰として発展したからではないだろうか。

特に真言密教、東寺との深い関係が神仏習合的な信仰のベースとなり、稲荷行者と呼ばれる人々が信仰の伝達者となった。その一方、稲荷山は御神体の山としては珍しく自由に人が出入りできる開かれた聖域であり、人々はお山の杉の葉をお守りとし、お山の土で作った人形を縁起物とした。こうして江戸時代には稲荷信仰自体が一種の流行神的な性格も帯びていく。

　つまり稲荷山は、すでに僧侶も神主も修験者も商売人も農民も出入りする何でもありの聖域だったのだ。明治政府にしてみれば、「イナリ」はブラックホールのように何でも飲み込む宗教と映っていたのかもしれない。

　お山巡りを終え、平地に戻ってくる。するとそこには、お塚とはまた別の信仰スポットが軒を並べている。これらは、近年できた、いわゆる新興宗教や民間信仰の社や寺だ。

　ここに至っては護《ご》摩《ま》を焚いたりする祈祷所のほか、道教や水子供養の寺まであり、宗教の坩堝となっている。まさに混沌とした宗教の実験場と化しているのだ。どんな宗教でも飲み込む稲荷山の大食漢ぶりには、ただただ驚かされるばかりである。

GHQをもビビらせた稲荷神の霊験

穴守《あなもり》稲荷（東京都大田区）

　旧羽田空港のターミナルを憶えておいでの方は何歳以上なのだろうか？　御存じの方なら駐車場に巨大な鳥居があったのも記憶されていることだろう。そして70年代のオカルトブームの洗礼を受けた世代の方ならその鳥居を巡って様々な祟《たた》りが起こった、と言われているのをよく御存じだろう。

　かくいう筆者も、70年代オカルトブームの薫陶をちびっ子時代に受けた世代なので、もちろん羽田の大鳥居の話は小学生の頃から心に刻まれていた。ついでに言えば、身内がこの赤鳥居の真ん前のホテルで結婚式を挙げた際に初めて間近で見て、これがあの大鳥居か！と妙に感動したものだ。

　羽田の大鳥居にまつわる祟り話は、終戦直後から始まる。

　羽田空港を接収した米軍の兵士や日本の請負業者の作業員などが、鳥居を取り壊そうとする度に事故や病気に見舞われるという類いのハナシだ。さらに真偽のほどは定かではないが、鳥居を移転させようとする計画が上がる度に重大な航空事故が起こったという噂まで……。

　本書は祟りの真偽を検証するのが目的ではないのでそこは他にお任せするが、なぜ鳥居の移転に関して祟り話が湧き起こったのか、という因果関係から何かが見えてくるような気がしたので少し探ってみることにした。

　この噂の大鳥居、平成11年に旧ターミナル前から800メートルほど離れた空港と羽田の街を結ぶ弁天橋の近くに移転した（ちなみにこの移転の際には事故や事件はなかったそうだ）。そもそもなぜこの大鳥居は祟ると言われてきたのだろう？　歴史を紐解くと意

穴守稲荷内に乱雑に積まれたミニ鳥居の群れ。まるで移転させられた恨みを封じ込めているようだ

鳥居の先にある奥の宮。ここの「お砂」を持ち帰り玄関などに撒くと願いが叶うといわれている

境内のあちこちに古い狐が奉納されている。もともと個人宅の屋敷神であったものが転居等で不要になったため奉納されたのだろう

外な事実が浮かび上がってきたのである。

この鳥居は、かつて羽田空港のある場所に存在した穴守稲荷という神社の一の鳥居だった。

順を追って説明すると、昔むかし、この羽田空港がある土地は浅瀬で、そこを江戸時代に多大な労力をかけて干拓、開墾したものだった。穴守稲荷はその頃に創建されている。そして明治、大正、昭和初期には、穴守稲荷を中心に温泉、遊園地、鴨場《かもば》などを備えた帝都の一大行楽地としてその名を馳せることになる。

ちなみに、その一画に現在の羽田空港の前身となる東京飛行場があった。ところが戦後、米軍が羽田空港を接収すると、空港を大幅に拡張するために穴守稲荷周辺の住民を48時間以内に強制退去させるという暴挙（当初は24時間以内だった）に出る。長年住み慣れた土地を一方的に奪われたのは住民だけでない。羽田のシンボルだった穴守稲荷もこの地を去ることになったのだ。

その土地に根付いた稲荷の社を人間の勝手で移したりないがしろにすると、たちどころに災厄がふりかかる（祟る）――。そんな伝承は、「江戸に多いもの、伊勢屋稲荷に犬の糞」と歌われた江戸の市中ではよく語られていたことである。つまり、大鳥居の祟りも、その因果が戦後の日本でも生きていたことを証明するものだったかもしれない。

現在、穴守稲荷は空港の西に遷座されている。行楽地として賑わった過去や国やＧＨＱに翻弄された激動の歴史など感じさせない静かな佇まいの境内だが、奥の宮の社の内部に見てギョッとした。そこには数えきれないほどのミニ鳥居がうず高く積み上げられていたのだ。

ここでは信仰が今も生きている。穴守稲荷の移転はご祭神にとっては不本意だったかもしれないが、ここのお稲荷さんでなくてはという崇敬者にとっては、それも大きな問題ではなかった。そういうことなのだろうか。

穴守稲荷は、江戸後期に新田開発のために築いた土塁堤防の上に祀られたのが最初だったという。「穴守」とは、大津波による堤防の決壊を防ぐ守護神（堤防に穴が開かないよう守護する）を意味する神号だったのだ。

やがて遊興地として発展すると、当社は花街の女性たちの「穴守り」としても信仰された。さらに現代では、競輪競馬の大穴を狙う者たちも詣でるようになったという。

民俗信仰の文脈では、祟りは霊験の存在証明である。だとすれば、穴守稲荷の信仰は、ＧＨＱの横暴に祟りで対抗した実績（？）によって、より確固たるものになったのかもしれない。

あまりの数の多さに３列になってしまった鳥居群。奉納する側の信仰心が神社のキャパシティを超えてしまうとこのようなアンバランスな光景が出現する

神社の規模を超越した鳥居パワー

小泉稲荷（群馬県伊勢崎《いせさき》市）

群馬県伊勢崎市にある小泉稲荷神社は、崇神《すじん》天皇の御代（紀元前１４８〜紀元前29年）に伏見稲荷の分霊を祀ったとされる謂れをもつ神社である。また神社の手前には高さ22メートルの巨大な鳥居がそびえ立っている。

そう聞けば、さぞかし立派な神社なのだろうと思う。しかし実際に行って見るとその期待は良くも悪くも裏切られることになる。

第一の裏切られポイントは神社の規模。ご由緒書きの内容はともかく、日本でもトップクラスの巨大な鳥居が立つからには、それに見合う深い森や荘厳な社殿をイメージするのが自然だろう。しかし実際に行ってみると、さっきの巨大な鳥居は一体何だったんだ！

と思うほどこじんまりした規模の神社なのだ。

　そしてもうひとつ、これはいい意味での裏切られポイントなのだが、尋常ではない量の鳥居が密集しているのだ。真っ赤な鳥居は全部で２００基以上。それらが隙間なくびっしりと並んでいる。

鳥居は隙間なく並んでいるので昔の子供はその上を歩いて遊んでいたとか。あまりにも数が多く処分した事もあったという

さして広くない境内に赤鳥居が3列をなしているため、その密集具合はより強調され、まるで赤いジャングルのようだ。

　なぜ3列かといえば、境内のキャパシティを超える数の鳥居が奉納され、一列では収まりきれなかったからに他ならない。

　これは御利益が大きいとされる神社仏閣にありがちなことなのだが、庶民の祈りのパワーが神社そのものを（見た目の上では）圧倒してしまっているのだ。これはある意味、幸せな光景なのかもしれない。

　ちなみに、一番鳥居を多く奉納しているのは県内にチェーン展開している葬祭場だ。商売繁盛の神様に葬祭場が鳥居を奉納するのも何となく違和感があるのだが、それもまた稲荷信仰の懐の深さといえなくもない。

「お詣りしましたよ」の証として残す名刺

千代保《ちよほ》稲荷（岐阜県海津《かいづ》市）

おちょぼさん。何ともユニークな通称だが、正式には千代保稲荷神社といい、地元では月末の夜に「月越し参り」といってオールナイトで参拝するのが昔からの習わしとなっている。

　参道には名物の串カツや土手煮の店が数多く並び、中京ソウルフードの牙城と化している。何でも串カツを土手煮のタレで食すのがツウなのだとか。木曽川、揖斐《いび》川、長良《ながら》川に挟まれた水郷だけに、ナマズやウナギといった川魚の料理店なども軒を連ねている。

　そんな千代保稲荷だが、庶民からの信仰は大変篤《あつ》く、特に地元の自営業者からの信仰は絶大だ。普段から大勢の人が参拝に訪れており、一年中祭りのような賑やかさだ。

この千代保稲荷は他の神社と少し変わっている。というのもこの神社、お札やお守りの類を一切出さないのだ。これは先祖の御霊《みたま》を千代に保て、という教えから来るもので、先祖を大事にするのに札などいらぬ、ということなのだとか。つまり参詣に訪れても持ち帰れるものが何もない。言い方を変えれば、参拝者が参詣した証が無いわけだ。

参拝者としてみれば、何らかの参詣のしるしを残したいというのが人情というものであろう。そこでいつの間にやら出現したのが、参拝者の名刺を社殿の格子や御簾《みす》に挟んでいくというシステムだ。営業回りのように、神様にも名刺を置いてご挨拶していくというわけである。そのおびただしい名刺の数を見ると、かなり真剣な奉納であることが判る。

そこまでして参詣した証を残したいのは、御利益が絶大だと信じられているからである。思えば串カツ屋が多いのも、お札やお守りがない代わりに何かお稲荷さんに参拝した証が欲しい、せめて腹の中にだけでも、という気持ちの表れなのかもしれない。

これぞ、稲荷信仰が持つ庶民性。参拝と娯楽がマリアージュした楽しい信仰のカタチがここにある。

参拝者はみな油揚げを奉納する。月末月初には一晩中参拝客が訪れ、参道の飲食店もオールナイト営業

奉納された名刺。商売繁盛の神様らしく自営業や個人事業主の名刺が多いようだ

錆びた鉄鳥居が醸し出す呪術的光景

小嵐《こあらし》神社(長野県飯田市)

小嵐神社は近年訪れた神社の中でも稀に見る壮絶な神社だった。

何が凄いのかといえば、まずはそのアプローチの壮絶さ。信州諏訪と遠州浜松を結ぶ秋葉街道。現在では国道152号線と名を変えているが、そのちょうど中間点付近に木沢《きざわ》という集落がある。この時点でかなり秘境といっていいレベルの場所なのだが、ここからさらに険しい山道に入っていくのだ。

怪しげな看板に導かれるように山道に入って行くと、すぐにアスファルトも途切れ、完全な未舗装道に。そして道はどんどん狭く、荒れて、傾斜もキツくなってくる。本当にこの先に行けるのか?的なレベルになってから数分後、ようやく小嵐神社にたどり着けるのだ。ちなみに、秋葉街道自体も険しい山間部に位置し、街道全体が辺鄙。浜松と諏訪の近郊以外にはほとんど店がなく、数時間のドライブの間、食事もままならないレベルであったことをここに記しておく。

そんな苦労をしてたどり着いた小嵐神社だが、ある意味極上の神社であった。昼なお暗い森の中にある境内には無数の鳥居が奉納されていた。それも大きな木の鳥居ではなく、高さ30センチほどの小さな鉄製の鳥居ばかり。そのほとんどが丸い鉄棒を溶接しただけの極めてシンプルな鳥居である。一般的な鳥居に比べると妙に細く、鳥居というより呪具のようですらある。まさに血の色のような赤黒く錆びた細い鳥居が落ち葉に埋もれている様は、呪術的光景という他ないものだ。

この神社は稲荷神社で、祟りが激しいという。

稲荷はもともと祟る神ともいわれている。いろいろ理由は考えられるが、稲荷神と習合されている吒枳尼天《だきにてん》のルーツであるインドのダーキニーという魔女が死肉を食らうとされていた点も何らかの影響があるのかもしれない。

ここの鳥居を見ていると、一般的な稲荷信仰というよりはむしろ、修験者による秘密のダキニ信仰がこの山奥でひっそりと秘匿されていたのでは、などと勝手に夢想してしまうのだ。そんなプリミティブで荒々しい原始的な風景もまた、他の神道の神社にはない、稲荷信仰独自の振れ幅の大きさなのではなかろうか。

数百体の狐に一斉に睨まれる聖域

豊川稲荷(愛知県豊川市)

稲荷といえば一般的には神社だが、中には寺院の稲荷もある。

愛知県豊川市にある有名な豊川稲荷

細い鉄を溶接して作った鳥居。木製のそれに比べ華奢で折れ曲がりそうだ

山の斜面に林立する異形の鳥居を見ていると、これは原始宗教の呪術の一種なのではないだろうか、と思えてしまう

がそれである。ここはれっきとした曹洞宗の寺院で、正式名称は妙嚴寺《みょうごんじ》という。広大な境内には多くの仏堂が点在している。

しかし境内の様子を見てみると少し複雑だ。山門をくぐると目に飛び込んでくるのは巨大な鳥居。これは日本三大稲荷のひとつと称されるにふさわしい存在感だ。

そして本殿（豊川稲荷大本殿）前には狛犬ならぬ狛狐（神狐像）。しかし建築様式は仏教寺院そのものだし、何よりそこで祈祷をしているのはまぎれもなく僧侶だ。神道と仏教が混ざり合ったような何とも不思議な光景だが、これには訳があるのだ。

時は明治初年。いわゆる神仏分離政策によって、それまで神仏の境目が曖昧だった日本中の神社仏閣は、神道の神社なのか、仏教の寺院なのかをはっきりと区分けされることになった。豊川稲荷もご多分に漏れず神社なのか寺

ずらりと並んだ狐の石像。敷地内にある塚の岩の隙間に挟まっている賽銭を持ち帰ると金運が上がるとかで、近年はややメジャーなスポットになったようだ

院なのか、という岐路に立たされたのである。

豊川稲荷と称されてはいるが、元来れっきとした曹洞宗の寺院。そこで豊川吒枳尼眞天《だきにしんてん》を祈祷本尊とする寺院（寺院としての本尊は千手観音）というポジションに落ち着いた。吒枳尼天とはもともとインドのダーキニーという女神で、狐を眷属としていることから稲荷神と習合されていた。

その吒枳尼天はもとは寺院の鎮守神として祀られていたものだが、いつの間にか吒枳尼天（稲荷神）信仰が母屋を乗っ取る形となり、豊川稲荷の通称で広まったのである。そのためここは稲荷であって神社じゃないという独特のお寺となっている。

そんな豊川稲荷の広大な境内の一番奥には、不思議な場所がある。

参拝客もあまり訪れないひっそりとした奥の院のさらに奥、外界から隠れるように奥まった場所には腰を抜かすほど異様な光景が広がっていた。大量の狐の石像がズラリと並び、一斉にこちらを睨んでいる！

ここは霊狐塚といい、願いが成就した人が御礼に狐の石像を奉納していく場所である。

現在では千体近くの狐像が並んでいる。奉納された狐は様々な表情をしており、ユニークなものもあれば恐い表情のものもある。狐の台座には奉納者の住んでいる県名が刻まれているが、見れば関東各都県のものも多くあり、広い信仰圏を有していることがわかる。

あまりの狐の迫力に唖然としていると、後から来た参拝者が慣れた様子で派手に柏手を打っていく。その堂々とした態度と清々しいまでに澄んだ柏手の音を目の当たりにしたら、やれ神社だ寺だといちいち気にする自分が馬鹿馬鹿しく思えてきた。

参拝する人にとっては、神だろうが仏だろうがどっちでもいいのだ。もともと僕らは神仏が仲良く共存する世界に住んでいたのだから。あえて分けることこそ野暮じゃないか。そう思えてくるのだった。

豊川稲荷の名物、千本幟（のぼり）

Column 4

オリジナル下駄奉納のもつ信仰の深度

最乗寺《さいじょうじ》（神奈川県南足柄《あしがら》市）

人の背ほどある巨大な下駄。この山には奈良の大仏級の巨大天狗がいるのだろうか？

神奈川県足柄の山中にある最乗寺は、今から600年以上前、了庵慧明《りょうあんえみょう》によって開かれた。その際、了庵慧明の弟子、道了《どうりょう》という山伏が五百人力の力を発揮して活躍。了庵慧明の死後は天狗に身を変え、山の中へと消えていったといわれる。

その伝説にちなみ、この寺は天狗の寺として知られる。今でも境内の周囲は深い木々に覆われており、本当に天狗が闊歩しているかのような気配に満ちている。

回廊で各堂が結ばれている本堂周辺はいかにも曹洞宗の寺院らしい凛としながらも落ち着いた雰囲気に満ちているが、結界門をくぐると、そこから先は天狗となった道了が支配する異界となるのである。

結界門から先、長い階段を上るとそこには道了を祀る御真殿という建物がある。堂内には天狗の像があり、参詣者の多くは本堂ではなくこちらのほうに押し寄せるのだ。

その御真殿の前には、大量の下駄が奉納されている。

下駄といっても本物の下駄ではない。ほとんどが金属製である。下駄を奉納する理由はもちろん天狗になった道了の威徳にあやかってということなのだろう。と同時に、下駄は左右一対なので夫婦和合のシンボルでもあるのだという。

こうして奉納された下駄は草むらの中にも埋もれているものも多いので正確な数は判らないが、優に百は超えていそうだ。

その中でも特に人目を惹くのは、高さ2メートルはありそうな巨大な赤い高下駄。何でも世界一大きい下駄なのだとか。その重さは3・8トン！　奈良の大仏クラスの天狗を想定しているのだろうか。

他にも大小様々な和合下駄が大量に奉納されているのだが、興味深いのは

パンチングメタルで作られた下駄。ムレなくて良い!?

同じ形状のものがほぼない点。つまり奉納者が金物屋や鍛冶屋に一点モノとして作らせて奉納しているようなのだ。したがって、中にはとてもユニークな下駄も見られる。円型や扇型を半分に割ったような形状の下駄や、手のひらに乗りそうな小さな下駄、パンチングメタルで作った水通しの良さそうな下駄などなど、奉納者の様々なこだわりが見て取れる。

同じカタチにフォーマットされた奉納物を寺院サイドが用意する傾向が多い昨今、あくまでも奉納の主体性が奉納者に委ねられているこの寺の習俗は、今や貴重な存在になりつつあるのかもしれない。

平均化した願い、簡素化した習俗、そこには信仰の裾野を広げる効果はあったとしても、信仰を深化させていく要素は乏しい。信仰を広げることも大事だが、より深い悩みや深刻な願いに対応する信仰の存在も同時にあってしかるべきだろう。

自前で作ったオリジナルの下駄を、長い長い難儀な階段をのぼって御真殿の前に供える。その苦行にも似た信仰や奉納の作法は、今でも有効だと筆者は思う。そんな「苦行」があればこそ、切実な祈願にも応え、たったひとりしか望んでいないようなマイナーな願いも神仏が受け入れてくれるだろうと信じることができる。そういうものではないだろうか。

聞くところによると、最近は和合下駄の奉納は受け付けていないそうだ。そりゃあ、本来の信仰からは離れていってるかもしれないが、奉納者のオリジナリティが光るこの習俗が打ち止めされるのは何とも残念なことである。

全て一点モノなのでひとつひとつ見ごたえがある

第10章
時代とともに変化する奉納物

奉納百景

奉納百景

本章では、現代社会の世相や宗教観の写し鏡としての奉納習俗について考えてみたいと思う。

　現代の社会を定義すること自体が非常に複雑であやふやだが、少なくとも近代以前には出現し得なかったであろう現代の奉納物の数々を見ていくことで、逆に現代社会とは何かを照射できればと密かに目論むのである。

　時代の映し鏡としての奉納習俗の特徴として、より具体的で、なおかつ自己中心的《ミーイズム》な傾向が強くなっていったように思う。

　それは、現代人にとって神仏が人間（＝自分）と同じ目線で存在しているからではないだろうか。少なくとも、近代以前と比べ神仏を畏《おそ》れかしこむといった心理が希薄になったのは間違いない。

　だからこそ、自分にとって都合の良い神仏は重宝し、都合の悪い神仏は無視する。従来の信仰が作りあげてきた体系はともかく、人間の側の都合で神仏をチョイスする傾向が、（大雑把にいえば）現代の信仰風景の特徴なのだろう。

　とりあえずは、そんな予測をもとに現代の信仰風景を眺めてみることにしたい。

願いはただひとつ「宝くじ当籤《こうせん》」!!

宝来宝来神社《ホギホギ》（熊本県南阿蘇村《みなみあそ》）

　熊本県の南阿蘇村に奇妙な神社がある。その名を宝来宝来神社という。

　阿蘇山を望む山中にその神社はある。熊本空港から阿蘇山に向かう途中のトンネルを過ぎると派手な幟《のぼり》が見えてくる。その幟に導かれるように県道を下りて森の奥へと進んでいくと、視界が開け、神社の全容が見えてくる。

　そこにはいくつもの真っ赤な社殿が並んでいた。

　その中心には巨大な岩が横たわり、その周辺には大量の絵馬が奉納されている。ここ宝来宝来神社は宝くじが当たるという噂が噂を呼び、近年、大勢の人が訪れる神社に〝なってしまった〟場所だ。

　そのご由緒はこんなものだ。

　平成16年にこの地を造成していた重機の運転手が巨大な岩を壊そうとしたところ、夢枕で「宝くじを買い、当たった金の一部で岩を祀れ」とのご神託を受け、その通りにしたら、宝くじが当籤したので神社として建立することになった、というもの。

　実際、境内に奉納された大量の絵馬のほとんどが宝くじ当籤祈願のもの。近年神社サイドも宝くじや金運祈願だけではないですよ的なアピールをしているが、もともと宝くじ当籤を自ら売りにしていた神社だけに、やはりお金に目がない人たちが次から次へとやって来るのであった。

宝来宝来神社の建物はみな直線的な部材が使われていて、どこかログハウス的だ

たくさんの当籤祈願の絵馬がぶら下がっている鳥居。それぞれの向きがバラバラなのには何か深い理由があるのだろう

　ここは神社とは言いながら、通常の神社とは色々な部分で違っている。たとえば境内の鳥居。ここの鳥居は御神体に相当する巨石の「当銭岩」を取り囲むように、しかもてんでバラバラな向きで建っている。参拝方法も不思議だ。「ホギホギ」と唱えながら岩を回れというのだ。これらは例のお告げによるもののようだが、もう少しちゃんとした夢を見ていただきたいものである。

　そして、円状に配置された社殿の造作もみな、社寺建築のそれというよりは、（精一杯好意的な言い方をすれば）ログハウス風というか、要は素人っぽい造りなのだ。

　これらを総合して勘案するに、もともと宗教者ではない人が造り上げたインディーズの神社なのだ。つまり神道のセオリーなど関係なしに、夢のお告げによって出現した施設であり、極論すれば神社でも寺院でもどちらでもよかったのかもしれない。要はこの巨石ありきの信仰なのだ。

　境内には、ナンバーズ用のルーレットや各種お守りの自動販売機、縁起物の無人販売などなど、開運に関係するありとあらゆるアイテムを取り揃えている。いわば開運テーマパークとでもいうべき場所だ。

　参拝客も苦笑いしながらレジャー感覚で参拝している人がほとんどだ。そこには自分だけが当籤したいという身勝手な祈願に対して多少の照れがあるのだと思われる。

　あるいは、あまりにも並外れて妙な神社だけに、普通の神社のように真面目に拝むことへの抵抗があるのかもしれない。それでも次から次へと参拝客が訪れる。

　これは今の社会における宗教の立ち位置を象徴しているように思える。人々は在来宗教や伝統的な習俗ではない、自分たちと同じ目線に立った信仰を欲しているのだ。

　一番顕著な例が、パワースポットブームだろう。

　今までの神仏がケアしてこなかった部分にスポットを当て、ニッチな欲望に応える。そこには神仏の存在は希薄で、重要視されるのは岩や山、磁場や温泉や断層、井戸といった特異な自然物と、何らかの自然由来のエネルギーを対象としている。

　それは、神仏に帰依《きえ》する従来の信仰とは違う新しいカタチの信仰形態だ。より具体的でより個人的な、もはや神であるかどうかも判然としない「何か」に祈っているのだ。祈りが具体的な割には、信仰の対象自体が曖昧な点がより現代的だといえるかもしれない。

　似たような現象に、江戸の流行神があった。より庶民に寄り添い、具体的な願いが叶うとされた流行神。しかしそれでも、信仰の対象は神仏であり、巫者《ふしゃ》（霊能者）や修験者であった。

宗教の枠組みをも介さず、個人と地球が直取引するかのごときパワースポットブームの出現によって、ついに宗教が必要なくなる時代がやってきたのかもしれない。

いや、考えてみればそんな時代はもうとっくに来ていたのだ。

南阿蘇の雄大な景色に似つかわしくない軽トラ。移動式の案内看板なのだ

インスタ映えする多彩な「くくり猿」

八坂《やさか》庚申《こうしん》堂（京都府京都市）

京都の東山。清水寺《きよみずでら》をはじめとして、八坂神社、知恩院《ちおんいん》など京都でも指折りの名社名刹が軒を連ねる超有名観光地である。海外からの旅行客も多く、最近ではレンタル着物を着て闊歩する外国人の姿も目に留まる。そんなエリアで、近年国内外の観光客に人気急上昇なのが八坂庚申堂（金剛寺）だ。

この庚申堂は、八坂の塔（法観寺《ほうかんじ》）の隣に位置している。さして広くない境内に入ると、そこは色、色、色の洪水。一瞬何が起きたのか判らないほどカラフルな世界が広がっている。本当にここはお寺なのか？　しかも訪れている参拝客のほとんどが若い女性だ。

みなカメラやスマホで自撮りに余念がない。そのカラフルな要因は庚申堂や手前の小堂に吊り下げられた布で出来た丸いモノである。近づいてみると、色とりどりの「くくり猿」であった。

色とりどりのくくり猿。午後には完売してしまうとか

くくり猿とは、手裏剣のような形の布の四点の中心に頭を付け、その四点を結んだものだ。普段は奔放な猿が縛

くくり猿をカラフルにしたらインスタ映えスポットとして世界中の観光客が押し寄せるようになった

庚申堂の前にはくくり猿と共にユーモラスな表情の「見ざる、聞かざる、言わざる」、三猿の像が。三猿は庚申信仰と関係が深い。

られている様を模したもので、ひとつ願いを叶えたければ、他の欲を捨てるよう自らを戒めるために奉納するのだという。

くくり猿は他の庚申信仰の寺でも見ることはできるが、その色はほぼ例外なく赤一色である。赤は魔除け、疱瘡《ほうそう》（天然痘《とう》）除けの色でもある。そのくくり猿が、どういうわけだかここの庚申堂に限っては赤のみならず、オレンジ、ピンク、緑、黄緑、青、水色、黄色、白といった具合で、今までの伝統的なくくり猿ではありえないカラーバリエーションが登場したのである。

それまで赤一色だったであろう庚申堂は、たちまちにして若い女性のハートを鷲掴み。かくして新しい人気観光スポットができあがったというわけだ。聞くところによると2017年のインスタ映えスポット1位だったとか。確かにこれだけカラフルなスポットもなかなかお目に掛かれない。SNS受けするのも良くわかる。

この八坂庚申堂は、正式には大黒山金剛寺庚申堂といい、日本三大庚申のひとつとして古くから名を馳せていた。庚申信仰はもともと中国の道教由来の信仰で、干支《えと》の庚申《かのえさる》の日の夜に体の中の三尸《さんし》の虫が抜け出し、人の寿命をつかさどる天帝に悪事を告げ口するとされるため、その日は夜を徹する風習があった。

猿が神の使いとされるようになったのは、庚申の「申」に因んだものだ。さらに天台宗の留学僧を介して伝わったという「不見《みざる》、不聞《きかざる》、不言《いわざる》」の教えが、比叡山麓にある日吉大社の神使・猿と結びついて三猿というキャラクターが出現した。ちなみに庚申様を石に刻んだ庚申塔には、たいていこの三猿が彫られている。

ここの庚申堂にも木像の三猿がユーモラスな仕草で並んでいる。しかし、その背後や脇にあるくくり猿はあまりにもカラフル過ぎてもはや猿であることすらわからなくなっている印象だ。寺務所で売られているはずのくくり猿はすでに売り切れており、その由が日本語のみならず英語、韓国語でも記されていた。

庚申信仰の本来の意味から遥かにかけ離れ、SNSの中だけで大量に浮遊するカラフルな猿。しかし考えてみれば、誰に見せるでもなく漠然と願いや悩みを人目に晒す行為は、奉納習俗もSNSもあまり変わらないのかもしれない。

和船から宇宙船まで　カバーする奉納絵馬

金刀比羅宮《ことひらぐう》絵馬堂（香川県琴平町《ことひら》）

こんぴらさんの名でお馴染み、香川県の金刀比羅宮（金毘羅宮《こんぴら》）。四国屈指の観光地でもあり、江戸時代から続く庶民参詣の憧れの地でもあ

絵馬殿外観。たくさんの船絵馬が奉納されているが、一番目立っていたのがソーラー船の現物

る。門前の延々と続く階段や、最近妙にキャラ化した感のあるこんぴら狗《いぬ》などが有名だが、そんな金刀比羅宮の本殿の脇に大きな絵馬堂がある。

そこにはたくさんの船絵馬が奉納されている。

金刀比羅宮はもともとインドのガンジス川のワニが神格化した「クンピーラ」が訛化《がか》したものといわれ、古くから海の神、船の神として信仰されている。海上交通の盛んな土地柄だけに、広く漁師や船頭の信仰を集めていた。

また江戸時代のこんぴらさん参詣ブームの際には、大阪や岡山などから琴平近くの丸亀《まるがめ》や多度津《たどつ》に大量の定期船が就航した。これが有名な「金毘羅船々～」として歌われることになるのだ。

絵馬堂には伝統的な和船の絵が描かれた船絵馬もあるが、圧倒的に現代の船舶の写真の奉納が多く、その信仰が今も生きていることを物語っている。

様々な船の絵馬の中でも印象的だったのは日本人最初の宇宙飛行士、秋山豊寛氏の絵馬。宇宙船もまた船なり

船舶の種類は様々で、ヨットから客船、タンカー、観光船などバラエティに富んでいる。改めて日本は造船立国だったんだな、と感じ入ってしまうのであった。絵馬殿の中にはソーラー船の現物なども奉納されており、もはや絵馬殿としての領域を通り越している感さえある。

印象的だったのは、日本人最初の宇宙飛行士（秋山豊寛《とよひろ》氏）の絵馬だ。なるほど、確かに宇宙船も船の字が充《あ》てられているのだから、こんぴらさんに奉納するのも筋違いではなかろう。

他にも瀬戸大橋や石油プラントなどなど、拡大解釈に次ぐ拡大解釈の連続で今日も金刀比羅宮の絵馬殿はエキサイティングな奉納であふれ返っており、信仰とテクノロジーという相反する概念が仲良く手を取っている姿が見て取れる。それは現代日本の信仰風景において極めて象徴的な姿でもある。

潜水艦オンリーの奉納絵馬

金刀比羅宮神戸分社（兵庫県神戸市）

神戸市の福原といえば日本屈指のソープ街であり、その筋の好事家の中には思わずニンマリする御仁もいらっしゃるかもしれないが、今回は少しだけ硬いハナシをさせていただく。

福原の歓楽街の北。向かいはソープ、隣もソープ、斜め向かいは風俗案内所という絵に描いたような風俗街のど真ん中に、金刀比羅宮神戸分社という神社がある。

決して大きな神社ではない。むしろこじんまりした神社なのだが、実は全国でも珍しい香川県の金刀比羅宮の直轄六分社のひとつなのである。周囲にはごみの不法投棄を諌《いさ》める看板などが立ち、かなり香ばしい雰囲気に包まれてはいるが、一歩境内に入ればそこはごくごく普通の神社である。

しかし今度は別の驚きがあった。手水舎の内側に各種潜水艦の写真が掲げられているのだ。コレは何だ？

前項でも触れたが、こんぴらさんは船の神様である。そちらに宇宙船の奉納があれば、こちらに潜水艦の写真が奉納されてもおかしくはないのだが、それにしてもほぼ潜水艦だけというのが気になる。

調べてみると神戸には三菱重工業と川崎重工業の造船所があり、日本の潜水艦はすべてどちらかの造船所で造られているという。だからここの金刀比羅宮には潜水艦の写真ばかりが掲げられているのだろう。

潜水艦の写真の多くは進水式のもので、先端に日章旗が取り付けられ、派手な出で立ちになっている。その存在が露わになることが少ないのが持ち味といえば持ち味の潜水艦にしてみれば、一世一代の晴れ姿、ということになろう。その誇らしげな姿を船の神様に奉納したいとする気持ちは痛いほどわかる。

福原の風俗街の前身である福原遊郭は、もともと明治の初めに外国人の慰安所として開設されたものだ。洋船を造るための造船所と居留地の慰安施設、このふたつの要素が150年の時を経

風俗街のど真ん中にある金刀比羅宮神戸分社。ある意味神戸という街を体現した神社ともいえる

奉納されているのは潜水艦の進水式の写真が多い。最初で最後の晴れ姿、というわけだ

潜水艦の写真が並んでいる。神戸は日本の潜水艦のふるさと、なのである

て、互いに姿を変えながらも寄り添っているところに、神戸という街の不思議さと懐の深さを感じるのであった。

造仏解放宣言とシロウト仏大量発生

定福院《じょうふく》（埼玉県久喜市《くき》）

現代社会で信仰が生き残っていくには、何かしらの変化が求められることがある。時として、古くからの慣習を打ち破ることも必要になってくるのだ。

たとえばホトケを造る行為。古くから仏師や石工の領域だったが、近年、一般の人が自分で仏を造ろうとするムーブメントがある。とはいえ仏師の修行をするわけではなく、もっと敷居の低い、身の丈に合った仏像を造ろうという、「自分らしさ」が何より尊重される造仏の現場を覗いてみた。

埼玉県久喜市の田園地帯にある定福院。ここは近年、羅漢の寺として一部の人には知られている。一見、どこにでもある地方の普通のお寺といった風情ではあるが、そのさして広くない境内の至るところが石像で埋め尽くされているのだ。しかもプロの石工が造った石像ではなく、みな素人が造ったものばかり。

いったいこれはどうしたことだろう。

実はこの寺には「定福院羅漢を彫る会」というグループが存在し、そのメンバーによって続々と石像が生み出されているのだ。会の発足は平成元年。前住職が発案し、メンバーを募った。集まったのは仏像彫刻の素人ばかり。もちろんできあがった羅漢像はプロの造るレベルには程遠いものばかりだった。しかし住職は、

「仏は心の中にいる　誰も干渉しない場の提供　それが考える仏教」

として、その素人彫刻ゆえのユニークさを尊重し、「怪作」「迷作」を次々と生み出させた。

たったひとりでは恥ずかしくても、大勢のメンバーで造ればたとえ稚拙でも引け目を感じることはなかったのだろう。「一体彫ったらみな先生」というモットーで、次から次へとユニークな石像が境内を埋め尽くすことになっていったようだ。

仏像を造るという行為は、本来であれば宗教的、技術的に様々な制約が多い。

それはもちろん、人間が神仏を造る、というある種の越権行為に対するエクスキューズである。

仏師と呼ばれる職能集団は、徒弟制度の中で技法や作法が継承され、排他的に担われてきた伝統がある。そういった制約をあえて無視し、個人の嗜好や考えをふまえ、技量を尊重した仏像を造ろうというのだ。

この会の運営の上手なところは、まず羅漢を彫らせたところだと思う。羅漢とは仏陀の弟子で、ベスト16が十六

境内を埋め尽す勢いの素人羅漢像。モチーフが神仏ではなく人間である羅漢なので比較的気楽に彫ることができる

みな思い思いの姿を彫っている。中には「だんご３兄弟」の姿まで……

羅漢、ベスト500が五百羅漢。いくら仏教における尊者といえども、要は人間なのだ。つまり素人がいきなり神仏を彫るのはハードルが高いが、人間であれば……というわけだろう。こうして素人仏師でも気後れすることなく石に向かっていけたのではないだろうか。

何体か彫って自信をつけたのだろうか、観音像にチャレンジする会員

最近では、羅漢のみならず四国八十八ヶ所の本尊などの製作も試みられており、初期の頃に比べるとはるかに腕が上がっている。

前住職の「彫る人ひとりひとりが心を込め無心になって制作したものは、それがたとえどんな姿でも、何ものにも代え難いものである」という考え方は、図らずも現代において宗教が生き残っていくためのヒントを与えているように思える。

個々の価値観を認め、個人個人に仏教を寄り添わせる。これまで個人に対して無意識的に上座に置かれていた宗教はいま、個々人のためのツールになりつつある。

それは決して悲観することではないのかもしれない。

宗教ネバーダイ。形やありかたを変えてもサバイブできるのが、本当に求められる信仰なのだ。そう筆者は考えている。

ヤンママ風にデコられたおっぱい絵馬

川崎観音（山口県周南《しゅうなん》市）

山口県周南市の川崎観音。目の前に国道2号線が走り、大型トラックが猛スピードで行き交う味気ない場所だが、源平合戦の頃の武将、平景清《たいらのかげきよ》が目を洗ったという伝説の残る井戸があり、歴史を感じさせる寺である。

そんな川崎観音だが、現在はおっぱい観音として近在の信仰を集めている。

観音堂の裏手には、乳の出が良くなるようにとたくさんの乳絵馬が奉納されている。乳絵馬を奉納する社寺は全国に数多くあり、愛知県の間々《まま》観音や広島県の阿伏兎《あぶと》観音、岡山県の軽部《かるべ》神社などが有名だ。

これらの社寺に奉納されている乳絵馬は、ほぼすべて家型の板絵馬に布でできた饅頭のような乳をふたつ付けた

ずらりと並んだ乳絵馬。箱に収まったものが多い。ひとつひとつ綺麗にデコられている

ものだ。布でできた乳は中に綿が詰められ、乳首も付けられている。

一方、ここの乳絵馬は少し様子が違う。確かに多くの乳絵馬は布で乳が作られており、他の社寺の乳絵馬と似てはいるのだが、絵馬型の板に張り付けてあるのではなく、洋菓子の空き箱やプラスチックのケースなどに入っているのだ。

そして何より印象的なのが、これらのおっぱいがどれも可愛らしくデコられている点。たとえばケース自体をカラフルに装飾したり、おっぱいの周りに飾りを施したり、乳首の部分に目を描いてキャラっぽいおっぱいに仕立てたり、とにかくやりたい放題な乳絵馬がたくさん奉納されている。

伝統的な乳絵馬のスタイルを捨て、新しいスタイルの乳絵馬を奉納する。そこにはヤンママセンスが充分に発揮されている。

このような新しいスタイルの乳絵馬

おっぱいなのに顔になってしまっている。画一的な絵馬に比べて今風のママさんの気持ちが伝わって来るではないか

おっぱいのみならずちゃんと胴体も付いている力作。ケースは百円ショップのものだろうか。個性的な乳絵馬が多く、見ていて飽きない

が出現した背景には、現代の女性が古いスタイルの乳絵馬にリアリティを感じなくなったからと想像できる。

川崎観音の乳絵馬にあって従来の乳絵馬にないもの、それは端的に言って個性の表出である。今までの古い乳絵馬が形式主義に見えたのかもしれない。もっと自分の嗜好をダイレクトに表現したいという思いが、個性的な乳絵馬を誕生させたと想像する。

このように、伝統的な習俗が時を経て時代の流れに合わせて変化していくのは、個人的には素晴らしいことだと思っている。それはつまり、その習俗自体に実効性があることの何よりの証拠だからだ。

習俗が変化していくということは形骸化せず時代の要請に即したということで、それはつまりその習俗が次の時代へ生き延びることが可能になった、ということを意味しているのである。

ものづくりの魂が込められた奉納物

猿投《さなげ》神社（愛知県豊田市）

愛知県豊田市に猿投という少し変わった地名がある。

「さなげ」と読むこの場所の謂《いわ》れは、日本武尊《やまとたけるのみこと》の父、景行《けいこう》天皇に飼われていた猿が不吉な事を口走ったばかりに海に投げ捨てられてしまい、その猿が流れ流れて棲みついたのが猿投山であったことに由来する。

つまり、棄てられた猿が流れ着いた場所という意味である。そんな地に猿投神社はある。かつてハンマー投げの室伏広治選手がここのお守りを持っていたことでプチブレイクした神社だが、実際に訪れてみると歴史のある立派な社殿である。

この神社の最大の特徴は左鎌が奉納されているという点だ。左鎌とは左利き用の鎌のことで、右利き用の鎌とは刃の付き方が逆になっている。その左鎌や左鎌を象った絵馬がたくさん奉納されているのだ。

なぜ左鎌の奉納かといえば、当社の祭神が大碓命《おおうすのみこと》であることに由来する。景行天皇の子であり、日本武尊の双子とされる大碓命はこの地の開拓神であ

猿投神社に奉納された絵馬。そのほとんどが祭神・大碓命（おおうすのみこと）が左利きだったという伝承に由来する左鎌を象ったものだ

り、言い伝えでは左利きとされている。そのため、開拓に用いたであろう左鎌を奉納するという習俗が生まれたそうだ。

境内の中門前にたくさんの左鎌型の絵馬が掲げられている。左鎌の絵が印刷された神社仕様の絵馬もあるが、その〝既製品〟を凌駕するのが、たくさんの黒い絵馬だ。

黒い絵馬はみな左鎌を象っているが、ひとつひとつが微妙にカタチが違っている。つまりそれぞれの奉納者の手作りによるものなのだ。さらに奉納者を見てみると、ほぼすべてがトヨタ自動車の関連企業のものばかり。猿投周辺にはトヨタの関連工場が数多くあり、トヨタの企業城下町ともいうべき土地柄なのだ。そして、祈願の内容はほぼ安全祈願。自作の絵馬もクオリティが高く、日頃からものづくりにこだわる奉納者の心意気が見て取れる。

そして何より印象的だったのが、この絵馬が会社単位の奉納のみならず、社内の部や班ごとでも絵馬を奉納している点だ。世界を代表する自動車企業の本当の姿は、こうした十数人ごとの班のチームワークの集合体なのだと絵馬を見て改めて感じた。

思えば、景行天皇に捨てられた猿ゆかりの地にして、双子の兄弟である日本武尊に握り殺されたとも伝えられる大碓命を祀る当社。そんな逆境と悲運の記憶が残る鎮守の社で、日本を代表するトヨタ関連企業のものづくりの原点を垣間見ることになろうとは――何とも意外で不思議な気分である。

黒い絵馬はほぼトヨタ関連の企業の社員が奉納したもの。会社単位、というよりは車内の部や班単位での奉納が多い

水子地蔵の本山で考える奉納信仰の今

地蔵寺（埼玉県小鹿野《おがの》町）
文殊院（福岡県篠栗《ささぐり》町）

奉納にまつわる様々なシーンを紹介してきたが、最後に地蔵尊奉納の進化について紹介しつつ締めとさせていただきたい。

伝統的な地蔵奉納には様々な意味がある。

たとえば路傍に佇む地蔵は、ムラ境を護る道祖神的な意味合いを持ち、墓地にいる六地蔵は転生した六道それぞれで衆生を救済する意味がある。しかし現代では、地蔵奉納のほとんどは子供や嬰児《えいじ》の供養のために建立されている。その最たるものが水子地蔵である。

意外と思われる方もいるかもしれないが、そもそも水子供養は昭和40年代頃に始まった比較的歴史の浅い習俗である。そのムーブメントは瞬く間に日本中に広まり、今ではごく当たり前の習俗として定着している。ある意味現代社会の様々な側面を反映した習俗だと考えられるのだ。

その水子供養はどこから生まれたのか。

その答えは埼玉県西部の山間部、小鹿野町の地蔵寺にある。昭和46年に開山されたこの寺は水子供養に特化した寺だ。

山間部にあるこの寺を初めて訪れた人は、一様に驚くだろう。そこには山の斜面を削って区画されたひな壇に恐ろしいまでの数の水子地蔵が並んでいる。その数約1万数千体。山のはるか上のほうまで段々畑のように並んだ水子地蔵群には、一体一体涎《よだれ》掛けが付けられ、花や風車が手向けられている。そのため山自体が派手な色彩の花畑のようになっているのだ。

地蔵の台座には、奉納した人の県名が刻まれている。ほとんどは首都圏のものだが、関西や九州の県名も多く見られ、この地蔵寺の水子供養の信仰圏の広さを物語っている。

今では水子供養といってもあまり違和感はないかもしれないが、それまでの伝統的な社会では水子は供養の対象ではなかった。よく「七つの内までは神の子」といわれ、7歳までは仏式の葬式も挙げず、身内でごくごく簡素な葬式をするだけだった。つまり伝統的な日本の社会にあって、子供は祖霊としてのホトケには組み込まれてこなかったのだ。まして生まれる前に命を失った水子は供養の対象にすらなっていなかったのだ。

そんな民俗的風土の中、日本は高度経済成長を迎えた。民主主義、男女平等、核家族化、人権尊重……そんな時代の荒波を背景に、中絶の非を説く水子の供養が地蔵寺の開創・橋本氏によって提唱される。

基本的に、水子供養の基本概念は水子への徹底した贖罪《しょくざい》である。

急峻な傾斜地に並ぶ水子地蔵群。一体一体に花が手向けられている

山の奥のほうまで地蔵の群れは続いている。涎掛けと風車の色が派手なので、遠目に見ると花畑のようである

兵庫県
埼玉県
群馬県
大阪府
兵庫県
香川県
富山県

そもそも仏教の世界では霊という概念はあまり強調されてこなかったのだが、地蔵寺の提唱する水子供養の脈絡では、非常に重要なファクターとして登場する。堕胎された水子の霊魂はあの世とこの世の間にある中有《ちゅうう》という世界をさまよい、両親やその子に対して災いをもたらす、つまり祟りをもたらす存在として規定されている。

この寺が開かれた昭和40年代後半は、心霊現象や超常現象を始めとしたオカルトブームが世を席巻していた。死んだ水子の霊が祟りをもたらす、という考え方は、少なくとも当時の世相にあって人々の心にはフィットしたと推測できる。だからこそ、ここまで水子供養の習俗は現代にまで広まったのだろう。

と同時に、地蔵寺開山当時の中絶を巡る時代背景も大きく影響していたと考えられる。

当時はウーマンリブ全盛期で、後に中ピ連が発足し、自民党との間で人工妊娠中絶の制限を巡る闘争が激化していたような時期だ。そのような当時の政治、社会状況が大きく影を落としていることは間違いないと思われる。

いずれにせよ水子地蔵の出現は、それまでの伝統的な地蔵信仰とは一線を画する奉納習俗を生み出した。

端的にいえば、人々の共有する信仰ではなく、極めて個人的な事情によるものであり、個人を対象にした供養のための奉納、という現象である。もともと我が子の供養のために地蔵尊を建立するという習俗は江戸後期からあったが、水子地蔵の出現によって地蔵建立の習俗がより個人的なものになっていったと考えられる。

その端的な例として福岡県篠栗町の文殊院で見た地蔵を紹介したい。

見事なロリータ地蔵である。この寺は水子供養の寺として近在の信仰を集めているが、その何体かが今までの涎掛けと帽子といった地味なスタイルではなく、若い女性のセンス（良いか悪いかは別として）によってロリータファッションで着飾っているのだ。

保守的な方から見れば眉をしかめそうなセンスだが、これはこれで理にかなったものだと筆者は思っている。

たとえば青森県の川倉地蔵尊に並ぶ地蔵（159ページ）はみな派手な着物をまとい、化粧を施している。これは、我が子の供養のために奉納した「マイ地蔵」が遠くから見てもわかるよう、目立つようにしたのだと聞いたことがある。方法論は若干違えど、ロリータ地蔵も同じ理屈で出現した現象と捉えれば、特に不思議ではない（違和感があるかどうかは別として）。

奉納とは、神仏に対しての庶民側からのメッセージである。だから奉納者が自分の身の丈と感性に合わせてそのスタイルを変えていくことはごく自然な現象であると思う。

ロリータ地蔵もカラフルなくくり猿もファンシーな乳絵馬も合成写真のムカサリ絵馬も、そこには奉納する側の思いが直接反映されるものだからこそ、時代によって変化していく。

信仰は日々変わる。信仰という言葉が死語になる時代がもうそこまで来ているのかもしれない。いや、すでに神仏が機能していない信仰的局面は実際に存在している。そんな神なき時代に生きる我々が何にすがり、何を信じるのか。その答えは奉納という習俗の過去と現代を凝視することで垣間見えるような気がするのだ。

いや、もしかしたら若い世代の人たちはもうとっくに感覚的に知っているのかもしれない。それならそれで結構。後はこれからの信仰を担う若い人達に新しい信仰のカタチをお任せしようではないか。

ロリータファッションの水子地蔵。若い女性が奉納したのだろう。奉納習俗は時と共に変化していくものなのだ

あとがき

本書では奇妙な奉納習俗を紹介するとともに、その理由や起源についても調査してみた。その中で深く感じたのは、御利益のある神仏の由来は案外、後付けだったり書き替えられたりしているケースが多い、ということだ。

例えば本書で紹介した水使神社《みずし》（第3章）やお花大権現（第5章）などは、通説以外にも複数の由来話が存在しており、どれが本当なのかもはや誰にもわからないのだ。

御利益のある神仏というものは、たいてい民間信仰から生まれてくる。つまり寺社サイドが積極的に喧伝するのではなく、民衆の間から口コミで自然と生まれてくるものである。それだけに由来も曖昧で、話がコロコロ変わるのだろう。その民間信仰の複雑さ、曖昧さこそが奉納習俗を調べていく上で難しくもあり、面白いところでもあるというのが、本書を執筆するにあたって感じた正直な感想である。

本書で紹介できなかった珍しい奉納習俗はまだまだたくさんあるが、中でも特に紹介したかったのが、山形県遊佐町《ゆざまち》の「自動車奉納」である。

遊佐町ではお盆になると、自宅の軒先に自動車のオモチャを吊るす習俗がある。これはナスとキュウリで作る精霊馬が現代バージョンに進化したもので、中には新幹線や飛行機なども吊るされるという。以前、遊佐町出身の写真家である倉谷卓氏が写真展でその様子を紹介されていたのを見て、現代と伝統が入り混じったシュール過ぎる光景に度肝を抜かれた。

次の夏、私も早速遊佐に行ってみた。しかし都合で遊佐に着いたのはお盆明けの17日。

それでも自動車を仕舞い忘れた横着な家がきっとあるはずだ、と遊佐町内を隈なく巡ったもののなかなか見つからない。とうとう一軒だけ軒先に小さな赤い自動車のプラモデルが吊るされているのを発見した時は、嬉しさよりもやっとタスクを達成したという安堵感しかなかった。

今回、本書を執筆する際に真っ先に思い浮かんだ案件だが、あまりにも実例が少なく、掲載を断念せざるを得なかった。もし第二弾が出せる事になったらぜひ再取材してみたい。とにもかくにも、日本にはまだまだ知られざる不思議な奉納習俗がたくさんある。

本書で紹介した習俗は一般にはあまり知られていないものばかりだが、厳然と存在している。そして、世に知られていない信仰や習俗は、実は日本中に大量に散らばっている。それがこの国の信仰風景の現実なのだ。

仏教や神道といった伝統宗教が素朴な形で変わらず生き続けているなどというのは、嘘っぱちである。信仰世界の四隅には薄暗いグレーゾーンがあり、そこには有象無象の信仰が渦巻いている。逆に、それこそが日本人が１０００年以上にわたって築き上げてきた宗教のスタイルなのではないだろうか。

これから伝統的な宗教が衰退していく中で、新しいスタイルの信仰や宗教や習俗が次々と生まれてくるだろう。そんな現代社会の中で宗教がどうやって生き残り、どうやって衆生の支えとなるのか、独り観続けていきたいと思う（独観だけに）。

最後に本書の刊行にあたり、出版社との橋渡しをしてくれた上に原稿に的確な助言をくださった本田不二雄氏、駒草出版および編集の杉山茂勲氏に厚く御礼を申し上げる次第である。また、取材させていただいた全ての神社、寺院、教会様に最大限の謝意を表したい。

平成30年11月　小嶋独観

地域別掲載リスト

青森県

高山稲荷神社　青森県つがる市牛潟町鷲野沢147-1　P48

恐山　青森県むつ市田名部宇曽利山3-2　P136

婚礼人形の奉納　青森県五所川原市、同つがる市　P158

岩手県

失せ物絵馬　岩手県海岸部　P118

供養絵額　岩手県遠野市内　P146

盛岡大仏の句碑（松園寺）　岩手県盛岡市上米内字松木平78-57　P171

宮城県

荒脛巾神社　宮城県多賀城市市川伊保石49　P66

失せ物絵馬　宮城県海岸部　P118

秋田県

鮭供養　秋田県にかほ市内　P40

岩城修弘霊場　秋田県由利本荘市芦川　P180

山形県

犬の宮・猫の宮　山形県東置賜郡高畠町高安910　P34

鮭供養　山形県遊佐町内　P40

モリ供養（三森山）　山形県鶴岡市内　P129

ムカサリ絵馬　山形県村山地方　P152

羽黒山霊祭殿　山形県鶴岡市羽黒町手向　P176

福島県

橋場のばんば　福島県南会津郡檜枝岐村居平　P16
関脇優婆夷尊　福島県耶麻郡猪苗代町関都字関脇　P101
火伏せ　福島県南会津郡南会津町界川久保552奥会津博物館南郷館　P114

茨城県

ナーバ流し　茨城県行方市蔵川　P96

栃木県

門田稲荷神社　栃木県足利市八幡町387　P19
大手神社　栃木県足利市五十部町375　P58
水使神社　栃木県足利市五十部町1235　P63
岩船山　栃木県栃木市岩舟町静3　P122

群馬県

達磨寺　群馬県高崎市鼻高町296　P45
子神社　群馬県館林市赤生田町2215　P56
藤瀧不動尊　群馬県みどり市東町花輪　P74
小泉稲荷神社　群馬県伊勢崎市小泉町231　P191

埼玉県

子ノ権現(天龍寺)　埼玉県飯能市南町461　P56
三ツ木神社　埼玉県鴻巣市愛の町171　P98
定福院　埼玉県久喜市佐間566　P212
地蔵寺　埼玉県秩父郡小鹿野町飯田2174　P218

千葉県

手接神社　千葉県旭市鏑木2461-2　P52

四十九堂　千葉県北東部(匝瑳市、香取市、旭市辺り)　P128

東京都

穴守稲荷神社　東京都大田区羽田5-2-7　P188

神奈川県

どんど焼き　神奈川県川崎市麻生区　P42

最乗寺　神奈川県南足柄市大雄町1157　P198

新潟県

栃尾又薬師堂　新潟県魚沼市栃尾又温泉　P103

ショウキサマ　新潟県阿賀町内　P104

チョンボ地蔵(音子神社)　新潟県長岡市上樫出　P108

賽の河原　新潟県佐渡市願　P140

福井県

三方石観音　福井県三方上中郡若狭町三方22-1　P52

長野県

諏訪大社上社前宮の御頭祭　長野県茅野市宮川2030　P72

小嵐神社　長野県飯田市南信濃木沢　P194

岐阜県

御首神社　岐阜県大垣市荒尾町1283-1　P86
千代保稲荷神社　岐阜県海津市平田町三郷1980　P192

静岡県

神場山神社　静岡県御殿場市神場1138-1　P22
黒犬神社　静岡県藤枝市藤枝3-16-14鬼岩寺境内　P38
目の霊山・油山寺　静岡県袋井市村松1　P169
ピースポールの聖地（白光真宏会富士聖地）　静岡県富士宮市人穴812-1　P174

愛知県

豊川稲荷　愛知県豊川市豊川町1　P194
猿投神社　愛知県豊田市猿投町大城5　P217

三重県

道明け供養（朝田寺）　三重県松阪市朝田町427　P132
朝熊山　三重県伊勢市朝熊町岳　P133

京都府

墓の墓場　京都府某所　P46
梯子地蔵　京都府京都市西京区嵐山薬師下町48薬師禅寺内　P68
普度勝絵（萬福寺）　京都府宇治市五ヶ庄三番割34　P142
伏見稲荷大社　京都府京都市伏見区深草藪之内町68　P185
八坂庚申堂　京都府京都市東山区金園町390-1　P205

大阪府

家原寺の祈願ハンカチ　大阪府堺市西区家原寺町1-8　P173

兵庫県

弥勒寺の角柱　兵庫県三田市尼寺1073　P178
金刀比羅宮神戸分社　兵庫県神戸市兵庫区福原町30-5　P210

和歌山県

丹生酒殿神社鎌八幡　和歌山県伊都郡かつらぎ町三谷631　P22

岡山県

鼻ぐり塚　岡山県岡山市北区吉備津795　P30
足王神社　岡山県赤磐市和田519　P54

山口県

麻羅観音　山口県長門市俵山下安田　P94
川崎観音　山口県周南市川崎2-1　P214

徳島県

お花大権現　徳島県三好郡東みよし町中庄2271　P94

香川県

金刀比羅宮絵馬堂　香川県仲多度郡琴平町892-1金刀比羅宮内　P207

奉納百景

福岡県

野芥縁切地蔵　福岡県福岡市早良区野芥4-21-34　P14

恋木神社　福岡県筑後市水田62-1　P26

七郎権現　福岡県糸島市二丈鹿家2553-1　P59

志賀海神社　福岡県福岡市東区志賀島877　P76

子安観音　福岡県糟屋郡篠栗町篠栗782　P101

文殊院　福岡県糟屋郡篠栗町萩尾191-1　P218

長崎県

山田教会　長崎県平戸市生月町山田免440-2　P83

熊本県

粟嶋神社　熊本県宇土市新開町557　P25

足手荒神（甲斐神社）　熊本県上益城郡嘉島町上六嘉2242　P52

弓削神宮　熊本県熊本市北区龍田町弓削6-21-20　P111

宝来宝来神社　熊本県阿蘇郡南阿蘇村河陰2909-2　P202

大分県

椿大師　大分県豊後高田市黒土　P80

シシ権現　大分県臼杵市野津町某所　P89

長洲の精霊送り　大分県宇佐市長洲　P125

高塚愛宕地蔵尊　大分県日田市天瀬町馬原3740　P166

[著者]
小嶋独観 こじま・どっかん
ウェブサイト「珍寺大道場」道場主。神社仏閣ライター。日本やアジアのユニークな社寺、不思議な信仰、巨大な仏像等々を求めて精力的な取材を続けている。著書に『ヘンな神社＆仏閣巡礼』（宝島社）、『珍寺大道場』（イーストプレス）、共著に『お寺に行こう！』（扶桑社）、『考える「珍スポット」知的ワンダーランドを巡る旅』（文芸社）。
珍寺大道場　http://chindera.com/

奉納百景
神様にどうしても伝えたい願い

2018年12月7日　第1刷発行

著　者　小嶋独観
発行者　井上弘治
発行所　**駒草出版** 株式会社ダンク出版事業部
〒110-0016　東京都台東区台東1-7-1 邦洋秋葉原ビル2階
http://www.komakusa-pub.jp
電話　03-3834-9087
印刷・製本　シナノ印刷株式会社

題字　小出真
カバー＆本文デザイン・DTP　オフィスアント
本文写真　小嶋独観
監修　本田不二雄
編集　杉山茂勲（駒草出版）

ISBN978-4-909646-11-8